SAISIR CASTANEDA

COMPRENDRE CARLOS CASTANEDA

PETER LUCE

Traduction par
PHILIPPE J.M. MOREL

PETER LUCE

Dédié à Sri, Komang, Alex et Tommy.

TABLE DES MATIÈRES

Remerciements   vii
Les œuvres publiées de Castaneda   ix

1. La mère de Pablito   1
2. Pourquoi lire Castaneda?   5
3. Plantes de pouvoir   21
4. Puissance universelle   33
5. Avec les Dons dans le désert   45
6. Jeter l'autre moi d'une falaise   61
7. Retrouver l'autre moi   77
8. Rêver ensemble   89
9. Cocons et filaments   103
10. Conservateurs et libéraux   117
11. Perdu dans un rêve   127
12. Redescente à Los Angeles   149
13. Une conclusion Yaqui   161
14. Grand-père et Antoine   167
15. Douze livres, trente ans   175

Les Références   185
À propos de l'auteur   187

REMERCIEMENTS

Merci à l'éditeur, Leslie Caplan ; consultant et correcteur, Paul Greenway ; et à la designer, Sri Luce Rusna.

LES ŒUVRES PUBLIÉES DE CASTANEDA

Livre 1
Castaneda, Carlos. 1968. *L'Herbe du diable et la Petite Fumée*
Livre 2
Castaneda, Carlos. 1971. *Voir*
Livre 3
Castaneda, Carlos. 1972. *Le Voyage à Ixtlan*
Livre 4
Castaneda, Carlos. 1974. *Histoires de pouvoir*
Livre 5
Castaneda, Carlos. 1977. *Le Second Anneau de pouvoir*
Livre 6
Castaneda, Carlos. 1981. *Le Don de l'Aigle*
Livre 7
Castaneda, Carlos. 1984. *Le Feu du dedans*
Livre 8
Castaneda, Carlos. 1987. *La Force du silence*
Livre 9
Castaneda, Carlos. 1993. *L'Art de rêver*

Livre 10
Castaneda, Carlos. 1998. *Passes magiques*
Livre 11
Castaneda, Carlos. 1998. *La Roue du temps*
Livre 12
Castaneda, Carlos. 1999. *Le Voyage définitif*

1

LA MÈRE DE PABLITO

Afin de mieux appréhender ce qui vous attend si vous voulez comprendre Carlos Castaneda, considérez cet épisode. Castaneda affirmait que c'était une histoire vraie, que cela s'est réellement produit. Il n'a pas donné de date précise ; c'était en 1974 ou en 1975.

Il venait tout juste de publier son quatrième livre, *Contes de pouvoir*. À la fin, il décrivait le saut d'une falaise, l'acte qui marqua la fin de son apprentissage auprès du sorcier, don Juan. Mais après avoir écrit ce livre, il se sentait confus. Il affirmait être retourné au Mexique pour découvrir ce qui lui était réellement arrivé.

Il décida d'abord de se rendre chez Pablito. Pablito, son co-apprenti, se trouvait sur le plateau avec lui ce jour-là en 1973. Quel que soit la tournure des événements là-bas, ils avaient été ensemble.

Arrivé vers midi, il contourna tout le village pour éviter d'être vu. Toutefois, quelque chose était différent. Le sentier était désormais une route ; il pouvait conduire jusqu'à la cour d'entrée. La maison exhibait une nouvelle façade et un énorme chien était assis devant.

La mère de Pablito, dona Soledad, enfonça la porte. Ils l'avaient surnommée « Madame Pyramide » en l'honneur de son vaste derrière et de sa tête pointue. Mais elle était soudainement mince et bien proportionnée, et avait l'air vingt ans plus jeune ! Elle le salua directement, puis posa ses poings sur ses hanches et se tint face à lui, se dévoilant, exsudant le pouvoir d'une jeune fille, avec une lueur dans les yeux. Elle passa hardiment son bras à travers le sien ; il sentit sa poitrine se presser contre lui alors qu'ils s'éloignaient en marchant de sa voiture.

Elle l'informa que Pablito était parti pour quelques jours. Quand il demanda des nouvelles de don Juan, elle lui dit qu'il était parti pour toujours et ne reviendrait jamais. Elle affirma que don Juan lui avait donné des instructions pour le retour de Castaneda ; elle l'invita à venir dans sa chambre.

Castaneda était terrifié et voulait partir, mais il suivit Soledad dans la chambre. « Vous et moi sommes du même bois », lui dit-elle, et elle s'assit au bord du lit. Alors qu'il ne répondait pas, elle se leva, laissa choir sa jupe sur le sol et caressa sa région pubienne. « Vous et moi ne formons qu'un ici ! Vous savez quoi faire ! » Malgré son inquiétude, Castaneda était incapable de regarder ailleurs et admirait la jeunesse de son nouveau corps.

Il décida qu'il ferait mieux de sortir de là, et donc il s'excusa et se rendit dans sa voiture. Il ouvrit le coffre pour décharger des cadeaux qu'il voulait déposer. Alors qu'il se penchait, il sentit une énorme main poilue lui saisir la nuque.

Il cria et tomba sur le sol. Dona Soledad était à

quelques pas, haussant les épaules avec un demi-sourire apologétique. Castaneda se demandait comment il avait pu être stupide au point de revenir au Mexique et de se jeter dans un « puit sans fond ».

Elle tituba et le griffa, en serrant les dents. Il lui donna un coup de pied, puis se jeta sur la voiture, mais elle lui saisit le pied. Ils tombèrent au sol. L'énorme chien se joignit au combat.

Castaneda se précipita à l'intérieur et verrouilla la porte ; il entendit les hurlements de dona Soledad alors que le chien la mettait en pièce. Il réalisa soudainement quel geste stupide il venait de faire, comme s'il « fuyait un adversaire ordinaire qu'on aurait pu laisser dehors simplement en fermant une porte ». Il était à présent enfermé dans la maison alors que la sorcière et son chien se trouvaient entre lui et sa voiture !

Il laissa Soledad dans la maison, ensanglantée, déchiquetée et vociférant sur ce que « ce fils de pute de chien » lui avait fait. Il se précipita en direction de la voiture. Il monta sur le siège du conducteur, démarra le moteur et passa la marche arrière brusquement. Il se retourna pour regarder par-dessus son épaule et se retrouva nez à nez avec le chien, salivant, cherchant à mordre.

Il parvint de nouveau tout juste à s'échapper sur le toit de la voiture. Il glissa d'un côté à l'autre, s'efforçant de faire sortir l'animal par une porte pour qu'il puisse s'introduire par l'autre. Soledad observait la scène de la maison, riant, nu jusqu'à la taille. Castaneda parvint à s'arrêter l'espace d'un instant et remarqua ses seins « se balançant sous les convulsions de son rire ». Il avait une réputation d'homme à femme, et elle en jouait. Il rentra dans la maison.

Dona Soledad protesta qu'il était sans espoir pour lui d'essayer de s'échapper, tout comme il l'était pour elle d'essayer de le retenir là. Ils avaient tous deux été réunis dans un but précis et aucun d'eux ne pourrait s'en aller avant que ce ne soit terminé. Pour le calmer, elle promit de s'expliquer sincèrement et de répondre honnêtement à toutes ses questions.

Dans sa chambre, Castaneda sorti son bloc-notes et se mit à écrire. Elle lui raconta toute l'histoire de sa vie et son histoire avec don Juan. Il l'interrogea sur les autres apprentis, hommes et femmes, qui ils étaient, et ce qu'ils pensaient de lui. Cela dura cinq ou six heures, jusqu'à ce qu'il fasse trop sombre pour prendre des notes.

À la tombée de la nuit, elle prépara deux baignoires d'eau chaude délicatement parfumée et chacun d'eux s'y baigna. Le bain le fit se sentir engourdi et l'émoustilla. Peu après, il était allongé sur elle. Il savait qu'il était en danger, mais quelque chose le retenait là.

Castaneda se rappela don Juan lui disant que « notre grand ennemi est le fait que nous ne croyons jamais à ce qui nous arrive ». Il réalisa lentement que Dona Soledad avait enroulé son bandeau capillaire autour de son cou et l'étranglait « avec beaucoup de force et d'expertise ».

2

POURQUOI LIRE CASTANEDA?

Les célèbres livres de Carlos Castaneda sur son apprentissage de la sorcellerie au près de don Juan sont généralement considérés comme appartenant au mouvement contre-culturel des années soixante. Quand nous entendons le nom de Castaneda, il nous évoque les thématiques de cette époque : rébellion, droits civils, liberté d'expression, révolution sexuelle, conscience de soi, spiritualité *New-Age*, Woodstock, hippies, et, bien sûr, marijuana, LSD, et autres drogues psychédéliques.

Les premiers écrits de Castaneda portaient sur le peyotl, les champignons et autres « plantes de pouvoir ». Cette orientation a grandement contribué à son succès à la fin des années soixante et au début des années soixante-dix aux États-Unis. Ses livres ont été regroupés avec les œuvres populaires d'Aldous Huxley, Timothy Leary, Ken Kesey et d'autres auteurs de ce genre particulier. A leurs yeux, le LSD et d'autres drogues psychotropes fournissaient à l'humanité un moyen d'ouvrir les portes de la perception et d'élargir sa conscience pour un avenir meilleur, débordant de paix et d'amour. Un rapprochement s'opérait également avec les religions ésotériques orientales, en particulier l'hindouisme et le bouddhisme et leurs traditions de méditation et de yoga promettant la paix intérieure. Les Beatles étaient devenus des chanteurs de renommée mondiale sur ces mêmes thèmes, et il semblait qu'ils les résumaient tous lorsqu'ils chantaient « all you need is love ».

Mais en définitive, ce n'est pas du tout ce qui caractérisait Castaneda. Comme le démontre l'épisode du premier chapitre, son exotisme n'était ni calme ni apaisant, ni même étrange au sens d'Alice au pays des merveilles. Il était plus sombre et dangereux, parfois flirtant avec la folie, toujours tiré par les cheveux et malgré tout pour le moins fascinant. Il n'était pas question avec Castaneda d'insouciante promenade vers un avenir radieux à travers une conscience élargie. Cela s'apparentait davantage à être littéralement soufflé avant d'être catapulté dans un endroit dangereux, seul. Vous n'avez aucune idée d'où vous vous trouvez. Vous ne vous souvenez plus d'où vous veniez. Si vous survivez, vous apprenez quelque chose.

On l'associe souvent à la littérature « self-help » qui a également débuté dans les années soixante et soixante-dix. L'œuvre de Castaneda fut largement mal interprétée de cette façon. Suite au succès rencontré par ses livres, de nombreux ouvrages d'autres auteurs firent leur apparition, vantant les mérites de traditions prétendument amérindiennes de guérison, de santé et de bien-être spirituel. Castaneda considérait en vérité que le moi devait être limité et annihilé, et non pas réparé et amélioré.

Selon lui, cette fâcheuse tendance à s'apitoyer sur son sort et sur l'image qu'on donne de soi constituait la principale caractéristique de l'homme moderne et le défi crucial auquel l'humanité devrait faire face s'il elle voulait survivre et aller de l'avant.

Ces interprétations erronées empêchent de visualiser et de comprendre ce que Castaneda a réellement écrit dans son œuvre, qui donna lieu à 12 livres publiés en l'espace de 30 ans entre 1968 et 1998.

L'œuvre de Castaneda soulève également des questions d'honnêteté intellectuelle, journalistiques et littéraires. Au cours de sa vie, il prétendait, à qui voulait l'entendre, que ses livres étaient autobiographiques ; qu'il avait réellement rencontré don Juan, qu'il avait été formé comme sorcier, et qu'il était lui-même un sorcier conduisant un groupe d'adeptes dans une quête de sorcellerie moderne. Ce sont de vrais problèmes avec Castaneda, insolubles. Le fait que tant de questions restent en suspens quant à son intégrité fondamentale ne favorise pas la compréhension de ses écrits. Nous avons besoin d'une solution à ce problème, bien que celle-ci soit également indémontrable, si nous voulons le contourner et examiner l'œuvre en elle-même.

***

Qui était Carlos Castaneda ?

À en croire ses livres, Carlos Castaneda était un étudiant en anthropologie à UCLA ayant accompli de multiples voyages dans le sud-ouest des États-Unis pour « recueillir des informations sur les plantes médicinales utilisées par les Indiens de la région », vers 1960.

Il rencontra Juan Matus, connu sous le nom de « don Juan », un Yaqui de 70 ans qui non seulement avait une connaissance des herbes médicinales comme le peyotl et le datura, mais qui était également un sorcier issu d'une tradition chamanique et de magie originaire du centre du Mexique Il y a plus de 8000 ans.

Les anciens sorciers de l'ancien Mexique avaient été déplacés par des groupes conquérants dans l'Antiquité, puis amenés au bord de l'extinction par les envahisseurs espagnols et l'Inquisition. Leur tradition de sorcellerie évolua au cours des millénaires en quelque chose de plus moderne. Don Juan s'entourait d'un groupe de seize cohortes qui poursuivaient cette forme moderne et se faisaient appeler les « nouveaux voyants ».

Castaneda devint leur apprenti et consacra treize ans à apprendre la sorcellerie au Mexique, puis vingt-cinq ans de plus à s'efforcer d'établir son propre groupe de sorcellerie au Mexique et à Los Angeles. Il écrivit onze livres narrant ses aventures et expliquant son apprentissage. Il mourut en 1998.

D'après le récit de Castaneda, les seize sorciers qui le formèrent pour devenir un nouveau voyant eurent recours à une méthode d'enseignement héritée de l'Antiquité. Ils utilisaient une forme de conscience qu'ils appelaient la « seconde attention. »

Apprendre dans cet état de seconde attention est similaire à être sous hypnose ou certains types d'anesthésie. Les vieux professeurs pouvaient induire cet état en Castaneda, à la manière d'un hypnotiseur hypnotisant un patient. Lorsque que Castaneda était plongé dans cet état, qu'ils qualifiaient aussi de « conscience accrue », il se sentait incroyablement lucide et totalement influençable.

Pendant que Castaneda était dans cet état de conscience accrue, ses professeurs pouvaient lui enseigner tous les vieux secrets de la sorcellerie et il comprenait immédiatement ce qu'on lui apprenait. Cet apprentissage était fidèlement stocké quelque part dans son esprit ou son corps, mais une fois sa leçon terminée, on devait le sortir de cet état de conscience accrue et le ramener à la normalité.

De la même manière qu'un sujet sous hypnose, lorsqu'il revient à la normalité, oublie tout ce qui s'est produit sous hypnose, et tout comme les patients anesthésiés qui sont conscients durant leur opération ne se souviennent de rien, un étudiant à qui l'on enseigne dans un état de conscience accrue oublie tout une fois de retour dans le champ ordinaire de la conscience. Il n'oublie pas seulement ce qu'il a appris, il oublie également, même, qu'il était dans cet état altéré de conscience et qui se trouvait avec lui. Il perd la trace de ce segment temporel de sa vie.

Castaneda affirme qu'il est impossible d'en savoir plus sur la sorcellerie aussi longtemps que nous restons dans notre état d'esprit ordinaire. Trop de choses qui la caractérise allant à l'encontre du bon sens et de la rationalité. Dans notre état d'esprit ordinaire, nous ne pouvons accepter les concepts de sorcellerie qu'uniquement de manière théorique, ce qui rend cette connaissance pour nous inopérante si ce n'est en tant que sujet de conversation.

Dans les cinq premiers livres de Castaneda, il ne connaît et n'évoque que deux professeurs de sorcellerie — Don Juan et son assistant Don Genaro. Mais il y avait seize doyens responsables de son apprentissage du début à la fin. Ils déployèrent leur capacité à manipuler une conscience accrue de telle sorte que, une fois de retour dans son état d'esprit ordinaire, Castaneda ne soit jamais conscient de quatorze de ses enseignants. Ils lui apprirent tout ce dont il avait besoin pour apprendre à maîtriser leur système de connaissance et le firent ensuite oublier ; jusqu'à même oublier qu'il avait été à leur contact.

Ils lui confièrent la tâche de se souvenir d'eux et de tous leurs enseignements par lui-même, et de revendiquer cette connaissance comme son propre pouvoir personnel. Ce type de remémoration est similaire au processus de récupération des événements oubliés de la petite enfance en psychothérapie. Pour les sorciers issus de la tradition de don Juan, ce processus s'effectue à travers des techniques spéciales de *rêver*.

Castaneda affirmait qu'il lui fallut plus de 20 ans pour se souvenir de l'essentiel, mais pas de l'intégralité de ce qu'on lui avait enseigné. Au cours de cette période, il rédigea douze livres constitués de ses souvenirs directs combinés avec ses souvenirs émergents, au fur et à mesure de sa convalescence.

Au début, don Juan lui donna des plantes hallucinogènes à manger et à fumer, pour le sortir de sa condition léthargique initiale, mais cela ne représentait qu'une infime partie de l'expérience globale de Castaneda. En écrivant ses deux premiers livres, il supposa que ses expériences avec les plantes étaient d'une importance primordiale, tout comme les lecteurs qui se contentèrent de lire ses premiers livres.

***

Pour mieux comprendre ce que Castaneda nous dit dans ces 12 livres, son message à la fois complexe et consistant étant bel et bien cohérent à tous les niveaux, mon approche empruntera plusieurs voies. J'examinerai ses livres l'un après l'autre, en établissant leur chronologie. La pratique consistant à noter la chronologie des événements historiques et littéraires, et leur manière de s'entrecroiser, aide à la compréhension de ce qui s'est passé. Je récapitulerai quelques-unes des histoires qu'il a racontées et présenterai quelques-uns des personnages principaux afin de mettre les nouveaux lecteurs au parfum et de raviver la mémoire des lecteurs plus anciens. Je tacherai ensuite d'élucider sa philosophie sous-jacente et de démontrer que la structure de ses concepts, qui émaille ses 12 livres du début à la fin, est parfaitement cohérente.

Il serait contreproductif de se contenter d'expliquer la philosophie de Castaneda sous la forme d'un essai. Si je devais m'y essayer, mon explication ressemblerait à quelque-chose comme ça : Castaneda dit que la première attention doit prendre conscience de la seconde attention en se la remémorant — et vous avez dès lors accès à la totalité de votre être et de votre conscience. Mais vous avez peu de chances de survivre à la tentative.

Il est beaucoup plus judicieux de la révéler étape par étape sous la forme d'une histoire. Voilà ce que Castaneda a fait, et la manière dont cela lui a été révélé. Pour autant que je sache, personne n'a encore « saisi ». Il a fallu à Castaneda 30 ans et 11 livres pour raconter son voyage à travers cet apprentissage. Il ne l'a pas compris au début, ni même au milieu d'ailleurs, et il a sans-doute mal compris certaines parties jusqu'à la fin. Dans l'intervalle, il a semé la confusion chez ses lecteurs, et probablement également chez lui-même au passage avec sa vie personnelle et ses tribulations. Mais tout figure dans ses livres. Il n'y a plus qu'à les distiller à travers une critique littéraire.

* * *

J'ai moi-même rencontré Castaneda de façon rapprochée. Par une froide soirée à Philadelphie en 1969 ou 1970, alors que je passais devant une salle de conférence de mon université avec des amis, quelqu'un dit : « Carlos Castaneda est en train de donner une conférence à l'intérieur. Ça doit presque être fini maintenant ». J'avais une vague idée de qui il était. J'avais lu quelques critiques de son premier livre, et me souvenais que cela avait un rapport avec la consommation de peyotl et la découverte d'un sorcier mexicain authentique et vivant. On disait que Castaneda s'habillait comme un homme d'affaires, en costume-cravate, lorsqu'il donnait des conférences sur les psychédéliques et la spiritualité — ce qui était pour le moins curieux. Toutefois, il était trop tard, et je retournai donc dans ma chambre et me remis à étudier.

Ce n'est qu'en 1973, l'année après avoir obtenu mon diplôme, que j'ai commencé à lire Castaneda. J'ai commencé avec Voir (« *A Separate Reality* »), son deuxième livre, puis en 1975, j'ai lu son quatrième, *Contes de pouvoir*. À la fin de ce livre, Castaneda affirme avoir sauté d'une falaise de 300 mètres. D'après lui, il l'a fait en 1973 à la fin de son apprentissage de 13 ans avec un sorcier génial du nom de don Juan, au Mexique.

Il m'apparut que cette histoire tournait exclusivement autour des drogues hallucinogènes, un livre s'inscrivant dans la lignée de nombreux autres écrits de cette époque prônant la sagesse induite par les drogues. Il n'y avait aucune mention de ce qu'il était advenu de lui après le saut, mais à l'évidence son auteur avait survécu à en croire les autres livres qu'il avait écrit par la suite.

Au cours des 25 années qui s'ensuivirent, je le suivis au fur et à mesure de la sortie de ses livres. Les réactions critiques à l'encontre de Castaneda, l'homme et son œuvre, exprimaient tout et son contraire ; il était à la fois très acclamé et très critiqué. Certains estimaient que ses écrits figuraient parmi les plus importants jamais publiés dans l'histoire de l'anthropologie, car il obtenait des informations sur les croyances néolithiques d'une civilisation pré-alphabétisée directement d'un survivant de cette époque. D'autres affirmaient que c'était un canular, une fiction, et qu'il n'existait pas de sorcier du nom de don Juan ; Castaneda avait tout inventé. Ce n'était même pas une bonne fiction, disaient certains ; l'histoire et la chronologie se contredisaient. Ce n'était certainement pas de la science, étayée par des notes de terrain et des références croisées. Beaucoup étaient d'avis que l'Université de Californie à Los Angeles (UCLA) avait tort de lui accorder un doctorat.

Plus excité par la controverse qu'elle ne m'irritait, je décidai d'ignorer les questions critiques et les anecdotes biographiques confuses et de juste profiter de l'urgence étrange qui caractérisait les récits des aventures de Castaneda, livre après livre. Dans les années quatre-vingt, j'attendais avec impatience chaque nouvel épisode.

Pas seulement pour les histoires et les manigances avec le vieux chaman, ou encore la controverse sous-jacente constante au sujet de son auteur. Mythe ou réalité, il y avait toujours ce sentiment qu'une porte ou une fenêtre s'ouvrait sur un autre monde, révélant des choses inattendues, excitantes et effrayantes, à la crédibilité étrange et menaçant de faire irruption dans notre monde à travers l'écoutille. À ma grande déception, les intervalles entre ses livres se firent de plus en plus longs. Alors que ses cinq premiers livres furent publiés en moins de dix ans, il fallut 20 ans pour que les six opus suivants ne soient révélés.

Les quatre premiers livres de Castaneda faisaient le récit de ses aventures en tant qu'apprenti sorcier, errant dans les déserts, les montagnes, les villes du centre et du nord du Mexique avec ses professeurs sorciers. Les quatre livres suivants racontaient sa lutte pour comprendre et admettre ce qu'on lui avait enseigné après le départ de ses professeurs.

Puis, en 1993, un nouveau type de livre de Castaneda fît son apparition dans les kiosques, *L'Art de rêver*. Il y avait des éléments étranges et discordants, et notamment un changement de ton qui semblait indiquer l'intervention d'un auteur-fantôme. (Sans mauvais jeux de mots.) Les aventures étaient encore plus farfelues, avec des renversements de situation incroyables.

Castaneda introduisait brusquement plusieurs nouveaux personnages. Ils étaient apparemment des contemporains de UCLA. Soudainement, trois femmes se matérialisaient rétroactivement dans le désert mexicain avec d'importants rôles à jouer dans l'histoire. Deux d'entre elles avaient écrit leurs propres livres, parallèlement à l'œuvre de Castaneda. Leurs personnages principaux éponymes se rencontraient et interagissaient avec Castaneda et ses personnages désormais légendaires. Le lecteur devait accepter ces nouveaux auteurs comme des égaux aux côtés de Castaneda et du groupe original des sorciers et des apprentis.

En 1998, cinq ans plus tard, deux livres ultimes firent leur apparition. L'un d'eux était toutefois d'un nouveau genre, contenant une collection d'exercices, de *passes magiques*, qui émanaient également, soi-disant, de l'ancienne tradition chamanique mexicaine. Castaneda avait déménagé à Los Angeles, dans le monde « réel », et n'était plus un apprenti. Désormais, il était un leader. Ses adeptes, parfois appelés « disciples », étaient guidés par les trois femmes qui avaient brusquement été intégrées dans l'histoire un peu plus tôt.

On disait Castaneda vieux et malade, et les intrigues allaient bon train parmi ses adeptes quant à qui rentrait, qui sortait, qui était au sommet de la hiérarchie, et qui était juste un parasite. Il existait une préoccupation tacite au sujet de qui hériterait de son entreprise aux plusieurs millions de livres vendus en plusieurs langues (et qui se poursuit encore à l'heure actuelle). Quelques mois plus tard, je lus que Carlos Castaneda était mort dans le secret tandis que les trois femmes, ses nouveaux co-sorciers, avaient mystérieusement disparu.

Un autre livre fut publié cette même année, en 1999, *Le Voyage définitif*, qui fut son dernier ouvrage en tant qu'écrivain. Il se lisait comme un récit nostalgique auto-complaisant de la génèse de Castaneda. Il grandit, d'après lui, avec son grand-père propriétaire de ranch quelque part en Amérique du Sud — une enfance pleine d'aventures qui auraient fait passer Huck Finn pour un enfant de cœur. Ce livre donnait l'impression qu'il avait également été rédigé à l'aide d'un assistant, à la voix féminine, du moins au début. Mais au fur et à mesure que le récit prend de l'ampleur, le vieil auteur finit par reprendre le dessus. Castaneda publia plusieurs fables ultimes qui condensaient et résumaient les principaux écueils rencontrés dans ses extravagants, mais néanmoins convaincants, écrits. Comment avait-il accouché d'une histoire aussi épique ? Et que devrions nous en faire ?

Dans les derniers chapitres jamais écrits par Castaneda, celui-ci introduit un acteur dramatique, nouveau et incroyable dans sa philosophie. Les « planeurs » sont des créatures des profondeurs inconnues de l'univers qui vivent avec nous sur terre, à l'abris des regards. Ils sont des millions, ressemblant à des « ombres de boue » géantes et primitives, qui voltigent et sautillent autour de nous en permanence. Leur présence malveillante, constante, nous terrorise. Chaque fois que notre conscience essaie de s'élever à un niveau supérieur, ils nous étouffent, se délectant de notre conscience émergente, dont ils se nourrissent. Les « planeurs » nous privent de la magie qui constitue notre droit de naissance fondamental en tant qu'humains. Ils nous réduisent à cet état d'insignifiance, d'impuissance et égo-centrique qui nous caractérise.

C'est un développement inattendu et stupéfiant dans les derniers chapitres de son ultime ouvrage. Mais une intense description du « planeur » apparait déjà dans le premier livre sans identification ni explication. Le fait de le faire resurgir 30 ans plus tard, à la toute fin, cette fois-ci accompagné d'une présentation et d'une explication complète, ancra de manière inattendue et provocatrice la philosophie de Castaneda dans un tout cohérent.

Après la présentation du « planeur », il eut une surprise de plus. Castaneda écrivit beaucoup d'histoires et de souvenirs en l'espace de 30 années. Toutes ont été composées et positionnées avec soin pour enseigner des points spécifiques. Après 12 livres se voulant être des histoires authentiques d'événements vécus, et à la fin de sa vie, Castaneda termina sa longue carrière d'écrivain avec l'histoire d'Antoine.

Antoine était un enfant orphelin adopté par la grand-mère de Castaneda sur les conseils d'un sorcier. Juste avant sa mort, elle lui légua toute sa fortune. Il avait charmé la vieille dame avec des poèmes, des chansons et sa personnalité éblouissante. Alors qu'il s'éloignait d'elle et des membres de sa famille ainsi dépossédés pour la dernière fois, il lui dédia et lui récita un magnifique poème, original, avec de grandes envolées dramatiques et romantiques. Grand-mère écouta, soupira profondément, le remercia abondamment puis déclara :

- Plagié, Antoine ?
- Bien sûr, Mère, dit-il. Bien sûr.

* * *

A quoi nous sert Castaneda en tant qu'écrivain, en tant que penseur et en tant que personne ? Espérons que ce livre puisse susciter une certaine curiosité autour de cette question. Mon analyse n'est pas biographique. Je n'ai pas enquêté sur la vie de Castaneda, et je me suis efforcé de ne pas faire référence à quoi que ce soit en dehors des 12 livres qu'il a écrits.

Les chercheurs New-Age, les lecteurs occasionnels et les détracteurs sceptiques lisent généralement des bribes de son œuvre jusqu'au quatrième ou cinquième livre, puis l'abandonnent, indignés ou confus. Des adeptes plus assidus ont poursuivi leur lecture jusqu'à la fin de l'intégralité de l'opus, avec ses 12 livres aux plus d'un million de mots, quand tout s'arrêta brusquement. Castaneda mourut et ses proches associés disparurent tous ensemble de la circulation. Beaucoup estimaient, avec un certain dédain, qu'il n'avait laissé aucune explication crédible ou moyen plausible de continuer à penser à lui de façon positive. Castaneda aurait-il réellement menti sur son identité pendant 30 ans et mené tous ce gens en bateau à coup de récits mensongers pendant si longtemps, comme le prétendent certains ? À quelle fin ?

À ce stade, il serait juste de reconnaître qu'une certaine lassitude s'est emparée des adeptes et des détracteurs de Castaneda à l'évocation même de son nom. Peu de lecteurs sont encore enclins à penser à lui en ce moment. Beaucoup voudraient l'étrangler, comme le fit Dona Soledad.

Il serait selon moi impossible de comprendre l'œuvre de Castaneda en examinant sa vie biographique, en recoupant les données et en interrogeant des gens qui le connaissaient ou le suivaient. Mais certains d'entre nous ne peuvent décemment pas l'oublier, non plus. Peu importe si ce qui est rapporté relève de la fiction ou de l'autobiographie, personne avant lui n'avait jamais pénétré le monde qu'il a exploré et présenté comme il l'a fait. Il a éveillé la conscience d'une partie de notre passé qui n'avait jusque-là pas été considérée à sa juste valeur. Sa pensée, provocante, concorde également avec les concepts modernes de la physique et de la cosmologie.

La lecture de Castaneda tend à susciter un choix entre deux réactions : y adhérer pleinement, au point de lui vouer une véritable adoration qui relève du culte, ou, la rejeter purement et simplement. Il existe une troisième option.

Nous pouvons le prendre au mot, littérairement. Au cours de ses 30 années d'aventure, il déclarait qu'il n'était pas parvenu à mettre un terme à son apprentissage. Il devint, au mieux, un sorcier qui appréciait les aventures dans l'inconnu plutôt qu'un voyant qui cherchait la liberté. Et le récit d'Antoine, de par sa position à la fin du dernier livre et de la vie de Castaneda, suggère fortement qu'il voulait nous dire qu'il se considérait lui-même comme un plagiaire. Si nous l'envisageons comme son ultime confession avant sa mort et comme le point de départ de notre réflexion, nous sommes mieux à même de comprendre la valeur de son œuvre et nous pouvons dès lors comprendre comment et pourquoi les histoires de Carlos Castaneda se sont déroulées ainsi.

Le plagiat, dans son acceptation la plus étroite, signifie copier le travail de quelqu'un d'autre, mot pour mot, et se les attribuer. Considéré de manière plus large, cela pourrait signifier s'approprier les grandes lignes et la signification de l'histoire réelle ou fictive de quelqu'un d'autre, et s'incruster dans le récit.

Ainsi considéré, le travail de Castaneda pourrait provenir d'un manuscrit jusque-là inconnu. Il aurait pu provenir de l'interprétation orale d'une source originale. Qu'elle soit manuscrite ou orale, elle aurait pu être le produit d'une tradition orale s'étendant sur des générations et des siècles.

Les œuvres d'Homère n'étaient pas originales ; elles n'ont pas été composées par un homme nommé Homer. Elles étaient les versions écrites finales d'une tradition orale vieille de plusieurs siècles, des histoires composées avant que l'écriture ne soient inventée et transmise pendant des centaines d'années, d'un conteur d'histoires à un autre. Chaque génération de conteurs a appris des techniques de mémorisation qui lui ont permis de maintenir l'intégrité de l'œuvre et d'en communiquer son essence : il y avait autrefois une race de grands hommes et de grandes femmes qui ont vécu des aventures héroïques.

Avant que l'écriture ne soit largement adoptée, l'histoire put être préservée au fil des générations sans jamais être écrite. Une fois l'écriture adoptée, ce type de capacité surhumaine à mémoriser disparut. Nous ne savons pas ce qui s'est réellement passé sur les plaines de Troie, mais la version enregistrée 300 ans plus tard a été déterminante dans l'avènement de la civilisation occidentale. L'art de la narration peut s'avérer la plus haute forme de sorcellerie.

Considérez par exemple le travail récent de Patrick O'Brian, qui a recueilli et étudié d'innombrables journaux intimes, journaux de bord et documents maritimes à partir du XIXe siècle. Il a écrit une série de romans avec des personnages inventés et des événements imaginaires, le tout combiné avec des personnages et des événements historiques. Le résultat, l'illustre série de 20 romans « Aubrey-Maturin », bien que clairement fictive, exprime une vérité qui est impossible à transmettre en utilisant les critères historiques appropriés et les normes littéraires traditionnelles.

Peut-être que Castaneda avait l'intention de faire quelque chose comme ça. Il voulait transcrire les anciennes connaissances qu'il avait découvertes dans le contexte de sa propre histoire moderne. L'ancienne tradition à laquelle il se réfère est encore plus perdue dans le temps que ne l'était l'histoire de Troie pour les conteurs grecs. Il est impossible de dire si des héros comme Achille et Hector ont réellement existé. Il est également impossible de confirmer les histoires que Castaneda raconte au sujet de don Juan et des grands sorciers de l'ancien Mexique, ou les récits de ses cohortes contemporaines. Qu'ils soient réels ou non, un grand conteur peut transmettre d'importantes vérités historiques et religieuses à travers ses récits.

Il n'est pas facile de définir clairement ou même d'identifier la religion ancienne que Castaneda décrit dans ses livres. Au moment où nos grandes religions actuelles ont émergé, elle était déjà établie depuis longtemps. Mais les thèmes qui en découlent se répercutent encore aujourd'hui dans de nombreux endroits. C'est la religion dont les derniers croyants et pratiquants restants étaient encore persécutés et détruits par l'Inquisition chrétienne il y a quelques siècles.

La croyance en cette même tradition de magie et de sorcellerie, bien qu'officiellement interdite presque partout de nos jours, persiste dans presque toutes les régions non urbaines du monde. L'autre soir, en Indonésie où je vis, mon fils de six semaines, Alex, s'est réveillé en hurlant. Nous l'avons rassuré de son cauchemar – il lui a fallu plusieurs minutes pour qu'il cesse d'agiter les bras avec colère. Plus tard, ma belle-mère javanaise a calmement expliqué qu'Alex avait été « pincé » par son esprit gardien. Elle avait insisté pour que nous l'honorions en enterrant le placenta près de notre porte d'entrée. Elle prétend que quand les bébés semblent sourire ou rire à une blague privée et lorsqu'ils regardent constamment au-dessus de votre tête au lieu de vous regarder, ils observent et réagissent aux gestes de cet esprit.

Dans notre culture populaire, de nouvelles légendes épiques de la magie abondent dans les livres et les films. Certaines sont ancrées dans une ville européenne imaginaire ou une terre du milieu. Certaines dans une galaxie très, très éloignée. De par leur ampleur dimensionnelle, leurs intrigues complexes et les héros et méchants archétypaux qu'elles contiennent, ces épopées modernes nous divertissent en titillant les sens de nos patrimoines antiques, de nos pouvoirs invisibles et de nos potentialités futures.

Castaneda affirme que nous abritons en nous une grande nostalgie pour une époque humaine révolue depuis longtemps – une ère de magie et de sorcellerie qui a duré beaucoup plus longtemps que notre période rationaliste actuelle. Il se pourrait que l'humanité existe sur terre depuis plus d'un million d'années. Nos religions actuelles n'ont fait leur apparition il n'y a que deux à cinq mille ans. Le Siècle de la raison a commencé il y a seulement 200 ans. La raison a nié et enterré les anciennes croyances, mais elles constituent une énorme partie de notre héritage. Notre conscience rationnelle n'est que la pointe de notre iceberg. Nous aspirons au reste de nous-mêmes et à cette ère perdue. Il y a des choses que nous avons laissées derrière nous et qui méritent d'être redécouvertes.

Pour l'essentiel, les mythes modernes qui dominent nos librairies et salles de cinéma ne cherchent pas à expliquer comment leur magie pourrait s'avérer possible. Ils ne se soucient pas de la métaphysique. Ils utilisent simplement des mots magiques ou des baguettes. Castaneda a œuvré d'arrachepied pour expliquer comment et pourquoi la magie de don Juan fonctionnait. Il a décrit, dans les moindres détails, un univers entier où la magie est possible. Il nous a dit ce que c'était et ce que cela pourrait être, et nous met au défi de le prouver ou de le réfuter.

3

PLANTES DE POUVOIR

« À l'été 1960, alors que j'étais étudiant en anthropologie à UCLA, j'entrepris plusieurs voyages dans le Sud-Ouest pour recueillir des informations sur les plantes médicinales utilisées par les Indiens de la région. Les événements que je décris ici ont commencé pendant l'un de mes voyages. »

Ces lignes d'ouverture mémorables tirées de son premier livre, *L'Herbe du diable et la Petite Fumée,* publié en 1968, décrivent la génèse de l'extraordinaire voyage de 38 ans de Castaneda qui aboutira tout compte fait à sa renommée internationale et à son infamie, ainsi qu'à dix autres livres très populaires et controversés.

Pour beaucoup d'entre nous en Amérique, 1968 représentait l'année ultime de la décennie des années soixante. La plupart des mouvements sociaux tumultueux de cette décennie semblaient culminer cette année-là : le président Johnson se retire de la politique ; le leader des droits civiques Martin Luther King et le sénateur Robert Kennedy sont assassinés ; Richard Nixon est élu président. C'est la pire année de la guerre du Vietnam, avec plus de 1 400 Américains périssant, en moyenne, chaque mois. Les hippies font de la musique et protestent. La veille de Noël, les hommes se rendent pour la première fois sur la lune et aluniront l'été suivant.

Au cours de cette année mouvementée, Carlos Castaneda débarquait d'on ne sait où sur la scène médiatique. *L'Herbe du diable et la Petite Fumée* fut publié, et racontait l'histoire d'un étudiant diplômé de UCLA ayant effectué un apprentissage de cinq ans auprès d'un sorcier indien au Mexique. Le fait que cela se produise à la même période que les hommes se rendant sur la lune défraya la chronique. Par la suite, des extraits de critiques et de entrefilets sur les couvertures des livres de poche le décrivait comme « un voyage au cœur de la magie avec Carlos Castaneda ». Dans un article du *New York Times,* on pouvait lire : « On ne peut exagérer la signification de ce que Castaneda a accompli. »

Dans la section remerciements du livre, six professeurs de UCLA étaient nommés et remerciés pour leur inspiration, leur aide et leurs critiques. Un autre professeur de UCLA avait rédigé la préface et acclamait le livre en cela qu'il abordait la question centrale de l'anthropologie : l'entrée dans d'autres mondes perceptuels pour comprendre « que notre propre monde est également une construction culturelle ».

*****

D'emblée, Castaneda présenta à ses lecteurs l'un des personnages les plus mémorables de ce que l'on commençait à appeler la littérature américaine *New Age* :

le fabuleux sorcier Juan Matus, simplement dénommé don Juan. Castaneda décrivait sa rencontre avec don Juan Matus à une station de bus en 1960, au Nouveau Mexique, après qu'il lui eut été adressé par une connaissance mutuelle.

Juan Matus minimisait toujours l'importance de ses antécédents personnels et anecdotes biographiques, mais nous apprenions qu'il était né en 1891 dans le sud-ouest des États-Unis. Ses deux parents étaient des Indiens Yaqui. Les Yaquis, originaires de Sonora, au Mexique, avaient été persécutés et opprimés, au point d'être presque exterminés au 19e siècle pendant la résistance à la domination espagnole et les campagnes pour l'unification nationale mexicaine. Ces luttes avaient forcé de nombreux Yaquis à se déplacer entre le nord du Mexique et l'Arizona. Matus affirmait que les Yaquis avaient été traités de manière brutale à la fois par les gouvernements américain et mexicain, ainsi que par d'autres groupes indigènes et les « yoris » (les métis mexicains) en général.

Selon Castaneda, au début du 20e siècle, les Yaquis, déjà diminués en nombre et politiquement, avaient de nouveau été expulsés de force de leurs terres par le gouvernement mexicain et forcés à migrer vers le sud du Mexique. Juan Matus avait été pris dans cet exode, et alors qu'il n'était qu'un jeune enfant, avait perdu ses deux parents, qui avaient péri pendant la migration forcée. Il s'était retrouvé à travailler dans le centre du Mexique comme ouvrier de plantation, jusqu'à ce que son chemin croise celui de Julian Osorio, un ancien acteur devenu sorcier qui attira Matus dans son groupe de sorcellerie.

Étant donné que Matus était Yaqui, et que Castaneda interagissait avec lui principalement dans le désert de

Sonora, leur patrie, il s'efforça de comprendre comment la culture et l'histoire Yaqui avaient façonné les enseignements de don Juan, et alla même jusqu'à sous-titrer son premier livre *Une voie de connaissance Yaqui*. Les pratiques et les enseignements de Matus ne provenaient pour autant pas d'un héritage Yaqui, mais du centre du Mexique. Beaucoup des principaux protagonistes de sa vie et de ses histoires étaient des Yaquis, mais beaucoup provenaient également d'autres groupes mexicains et hispaniques, et certains étaient Européens. Castaneda lui-même était un citoyen américain, originaire du Pérou ou de l'Argentine.

Au moment où Matus croisa le chemin de Castaneda, presque 50 ans plus tard, il allait avoir 70 ans. Son petit-fils Lucio, qui, comme la plupart des Yaquis, désapprouvait la sorcellerie et le peyotl, expliqua que son grand-père « avait l'habitude de fréquenter » un puissant groupe de sorciers, mais qu'il devint alors reclus et obsédé par le peyotl et les connaissances ésotériques. Mais Lucio était fier que son grand-père, à un âge avancé, fut toujours aussi agile et fort qu'un jeune homme, et « impossible à prendre par surprise ».

*****

Castaneda raconta plusieurs fois l'histoire de sa première rencontre avec don Juan à la gare routière dans des livres ultérieurs. Chaque fois il ajoutait plus de détails et de profondeur. Dans son premier livre, il décrivait leur réunion en trois paragraphes seulement. Castaneda disait qu'il parlait sans but, prétendant être un chercheur qui connaissait la faune et la flore locales et la culture des Amérindiens de la région. Matus s'assit silencieusement et le fixa avec un regard inoubliable, apparemment pas impressionné. Puis, le vieil homme se leva brusquement et monta dans un bus, bien qu'il eût proposé qu'ils se revoient.

Dans son livre de 1971, Voir (*Une réalité séparée*), il consacrait trois pages pour la même histoire. Il racontait la façon dont lui et son guide, Bill, avaient cherché à plusieurs reprises un homme que Bill décrivait comme un marchand excentrique d'herbes médicinales avant de le rencontrer à la gare routière de façon fortuite. Cette fois-ci, Castaneda se souvenait que les yeux de Matus brillaient « d'une lumière qui leur était propre » et qu'il dut éviter son regard.

Dans son dernier livre, *Le Voyage définitif*, et 38 ans après leur première rencontre, il y consacra deux chapitres. Il y décrivait sa recherche mouvementée avec Bill de Juan Matus, à travers le désert, en écoutant les histoires de Bill à propos de son intérêt de toute une vie pour les groupes autochtones de la région, et de son association avec eux. Castaneda se rendait compte que Bill était en train de mourir et d'effectuer ses dernières visites pour dire adieu à ses vieux amis. Castaneda se souvenait tomber sur don Juan de façon soudaine, et de parler et agir comme s'il ne s'appartenait plus. Il affirmait que Don Juan l'avait paralysé de ses yeux, pour le faire arrêter de parler et même de penser. Un bus débarqua apparemment de nulle part, et le vieil homme parcourut mystérieusement les 50 mètres jusqu'à la porte de l'autobus en quelques bonds sans effort.

Dans ce dernier récit, Castaneda se rendait à Yuma, en Arizona, à la demande de Bill, où il obtint des renseignements sur l'endroit où retrouver le vieil homme. Il consacrait un chapitre complet supplémentaire contenant un long récit de son voyage suivant au Mexique lorsqu'il dû enrôler deux escrocs locaux, Jorge Campos et Lucas Coronado, pour l'aider à localiser le vieux sorcier. Cet effort occupa une bonne partie de l'année, plusieurs voyages au Mexique, et quelques pots de vin plus ou moins conséquents qui menèrent tous à une impasse. À ce moment-là, comme par accident, ils localisèrent le fils de Matus, et, par la suite, Matus lui-même.

Ayant finalement trouvé Juan Matus, Castaneda passa cinq ans à faire la navette entre Los Angeles et le Mexique de 1961 à 1965. Il se consacra à la rédaction de notes et à l'apprentissage de tout ce qu'il pouvait, dans l'espoir de gagner à la fois la gloire littéraire et son doctorat à UCLA. Sa relation avec le vieil homme changea graduellement d'étudiant à celle d'apprenti. Au lieu de se contenter de faire un rapport sur le vieux sorcier et sa connaissance des plantes, il se joignit à Don Juan et ses cohortes pendant qu'ils mangeaient ou fumaient des plantes. Cela continua jusqu'en 1965, alors que Castaneda devenait craintif et confus quant à ses expériences avec les « plantes de pouvoir » de don Juan et qu'il renonça à son apprentissage. Il retourna alors à Los Angeles pour poursuivre ses études et écrivit son premier livre, dont la rédaction à partir de ses notes de terrain et souvenirs nécessita trois ans.

*****

L'Herbe du diable et la Petite Fumée décrit les expériences de Castaneda avec trois types de plantes hallucinogènes naturelles qu'on trouve dans les déserts du Mexique : le peyotl, le datura et les champignons. Don Juan les surnommait « plantes de pouvoir ». Les Amérindiens connaissaient ces plantes depuis des milliers d'années et les utilisaient à des fins médicinales et religieuses. Des rituels élaborés pour les recueillir, les cultiver et les préparer avaient été élaborés et transmis de génération en génération.

La plantation, la récolte, la préparation et la consommation de chaque plante impliquaient de nombreuses procédures minutieuses et une planification méticuleuse sur plusieurs années. Beaucoup de lecteurs dans les années 60, et plus tard, furent ravis d'apprendre que ces « plantes de pouvoir » étaient cultivées et utilisées dans le cadre d'une ancienne culture américaine indigène. Selon Castaneda, il y avait encore des sorciers s'adonnant à ce mode de vie dans les déserts du sud-ouest des États-Unis et au Mexique.

La collecte de peyotl avec Matus impliquait des randonnées de plusieurs jours dans des endroits isolés des déserts mexicains pour trouver des plantes intactes. Les parties supérieures de la plante étaient récoltées de manière rituelle à l'aide d'un couteau spécial. Assister aux dommages que subissait la plante était important. Castaneda apprit que pour maximiser les avantages de la plante, et pour assurer sa propre sécurité en tant que participant, il devait traiter la plante avec le plus grand respect.

L'utilisation de peyotl signifiait manger la substance de la plante, soit lors de séances individuelles supervisées par Matus, soit pendant des veillées de nuit avec un groupe d'autres participants. Castaneda passa des heures assis à l'arrière de camionnettes sur des routes rocheuses au cœur d'endroits montagneux reculés, pour rejoindre des cérémonies de mangeurs de peyotl, appelées *mitotes,* où des groupes de Mexicains s'asseyaient en cercle et chantaient.

Au cours d'une des mitotes, un chien local fut pris dans le rituel. Un Castaneda inspiré vit le chien sous les traits d'un être iridescent et transparent. Il courut et joua avec lui. Il put lire les pensées de cet être et sut que la créature merveilleuse lisait aussi les siennes. Le jour suivant, le propriétaire stupéfait raconta qu'il avait observé Castaneda se débattre avec son chien, et que l'animal lui avait pissé dessus.

Dans les années soixante, la plupart des Mexicains se considéraient comme sophistiqués et modernes, et ils ne supportaient pas d'être considérés comme primitifs par les visiteurs du nord. La plupart d'entre eux s'étaient retournés contre les vieilles traditions issues de la culture du peyotl. Néanmoins, Matus tentait de convaincre son petit-fils adolescent, Lucio, de prendre sa vie au sérieux en consommant du peyotl sous la direction de son grand-père. Au départ Lucio était révulsé et embarrassé par cette idée, mais finit par céder et proposa de le faire à la condition que le visiteur américain (Castaneda) lui acheta une moto. Matus et Castaneda arrivèrent avec le peyotl, mais un groupe d'amis débarqua également avec de la tequila et un tourne-disque. La modernité l'emporta : ils écoutèrent de la musique à plein tube et s'enfilèrent des verres à la place.

La finalité d'un rituel à base de peyotl avait pour objectif la rencontre avec un personnage anthropomorphe nommé Mescalito. Il était important d'approcher Mescalito avec la bonne attitude. Si Mescalito acceptait un suppliant, il lui enseignait la bonne façon de vivre. Il «

montre des choses et en explique les tenants et les aboutissant ».

Mescalito s'avéra d'humeur badine avec Castaneda plutôt qu'affreux et menaçant. Matus affirma qu'il n'avait jamais vu Mescalito jouer avec quelqu'un auparavant, et considéra cela comme un ordre pour qu'il prenne Castaneda comme apprenti et lui apprenne tout ce qu'il savait — qu'il lui transmette son savoir.

*****

La deuxième « plante de pouvoir », le datura, également connue sous le nom d'« herbe du diable », nécessitait d'être plantée et cultivée personnellement. Contrairement au Peyotl, qui est un professeur, l'herbe du diable était par essence une source de pouvoir. Si on ne l'utilisait pas soigneusement et correctement, son utilisateur pouvait perdre la raison et être blessé par celle-ci.

Castaneda dut planter et s'occuper de sa propre plante de datura, ce qui eut lieu dans un endroit secret sur plusieurs années. Une fois portée à maturité, elle était récoltée, et sa tige, ses racines, ses feuilles et ses fleurs étaient séparées. Tous ces ingrédients préparés étaient stockés de manière rituelle pendant une année supplémentaire avant qu'ils puissent être utilisés.

Les racines contenaient le pouvoir de la plante. Un extrait concocté à partir de la racine était bu à plusieurs reprises jusqu'à ce que son pouvoir soit dompté. Le fait d'apprivoiser son pouvoir conférait à un homme le droit de le prescrire à d'autres, dans le but de leur donner une impulsion temporaire de virilité dans leurs quêtes personnelles, ou pour leurs vies et leurs relations. La tige et les feuilles pouvaient être prescrites pour guérir de maladies ; les fleurs pouvaient être utilisées pour contrôler ou influencer les gens.

Une autre préparation de l'herbe du diable consistait à écraser la matière végétale avec des punaises, des coléoptères et quelques gouttes de sang, puis à faire bouillir ce mélange pour en faire des extraits. Le datura avait d'étranges usages, est l'un d'eux consistait à en faire une pâte dont on frottait les yeux des lézards, leur permettant ainsi d'agir comme des espions et des messagers.

Cette plante appréciait les hommes et les femmes au caractère fort et violent, leur insufflant encore plus de pouvoir. Matus commença à s'inquiéter du fait que Castaneda appréciait l'herbe du diable de plus en plus. Cela faisait bien longtemps que Matus lui-même était arrivé à la conclusion qu'il n'en appréciait pas les effets.

« Il n'y a plus lieu de l'utiliser. En d'autres temps, comme ceux dont mon bienfaiteur m'a parlé, il y avait des raisons de chercher à s'emparer du pouvoir. Les hommes accomplissaient des actes phénoménaux, ils étaient admirés pour leur force et craint et respecté pour leurs connaissances. Mon bienfaiteur me racontait des histoires d'actes vraiment hors du commun qui furent accomplis il y a fort longtemps. Mais désormais, nous, les Indiens, ne cherchons plus à s'emparer de ce pouvoir. De nos jours, les Indiens utilisent l'herbe en se frottant avec, pour soigner leur furoncle... C'était différent quand il y avait des gens dans ce monde, des gens qui savaient qu'un homme pouvait se transformer en puma, ou en oiseau, ou simplement qu'un homme pouvait voler. Et je n'utilise donc plus l'herbe du diable. Pour quoi faire ? Pour effrayer les Indiens ? »

*****

Matus enseigna à Castaneda la troisième « plante de pouvoir », un champignon utilisé dans la préparation d'une mixture à fumer qu'il appelait « la fumée des devins ». D'après Matus, cette fumée constitue l'aide la plus complète et la plus merveilleuse dont un homme puisse bénéficier, mais également la plus dangereuse. Les états d'esprit de l'utilisateur avant, pendant et après l'utilisation de la fumée sont déterminants ; il faut toute une vie pour en maîtriser les effets.

La préparation d'une petite quantité de cette mixture par un débutant impliquait la récolte d'une espèce de champignons minuscules, qui étaient ensuite stockés dans une gourde pendant un an. D'autres ingrédients étaient également séchés pendant la même durée, puis écrasés avec les champignons et fumés dans une pipe qui avait été transmise de chaman à chaman pendant des générations. La précision des rituels n'était pas aussi cruciale lors de l'utilisation de la fumée ; l'état d'esprit de l'utilisateur et son intention étaient quant à eux d'une importance primordiale.

« Cela te rendra libre de voir tout ce que tu veux voir. À dire vrai, c'est un allié incomparable. Mais celui qui cherche à s'en emparer doit avoir une intention et une volonté irréprochables. Il a besoin d'eux car il doit prévoir et vouloir son retour, sinon la fumée ne le laissera pas revenir. Deuxièmement, il doit avoir l'intention et la volonté de se souvenir de tout ce que la fumée lui a permis de voir, sinon ce ne sera rien de plus qu'un brouillard dans son esprit. »

*****

Un déferlement cumulé d'expériences psychédéliques effrayantes ébranlèrent Castaneda. Lors d'une séance avec la fumée, il perdit le sentiment d'avoir un corps physique et se sentit traverser les murs et les meubles. Un jour plus tard, après une nuit de sommeil salvateur, il était confus et interrogea Matus au sujet de la réalité de son expérience. Il voulait que don Juan le rassure quant au fait que ses expériences induites par la fumée n'étaient que des hallucinations, à des fins d'enseignement peut-être, certes, mais certainement pas réelles et durables.

Matus insista sur le fait que tout était réel, et affirma le sérieux de l'utilisation des « plantes de pouvoir », qui ne causaient pas des hallucinations selon lui, mais qui révélaient juste ce qui était là. La recherche de pouvoir par l'intermédiaire des « plantes de pouvoir » impliquait que l'utilisateur changea de vie. Castaneda n'aurait pas survécu à plusieurs de ses expériences sans la supervision et la protection expertes de Matus.

Lors de la dernière séance de peyotl de Castaneda, Mescalito apparut à nouveau et offrit de répondre à toute question importante de Castaneda concernant sa vie. Castaneda demanda à Mescalito « ce qui n'allait pas » dans sa vie.

Peu après, il se trouva séparé du groupe, seul dans le désert. Une nuit de terreur s'ensuivit, au cours de laquelle Castaneda dut s'accroupir derrière un rocher alors qu'il se cachait d'un monstre lancé à sa poursuite :

« *Les bruits devinrent ceux de pas gigantesques. Quelque chose d'énorme respirait et bougeait autour de moi. J'avais l'impression qu'il me traquait. Je couru et me cachai sous un rocher, et j'essayai de déterminer à partir de là ce qui était à ma poursuite. À un moment, je parvins à ramper hors de ma cachette pour regarder, et celui qui était à ma poursuite me surprit. Ça ressemblait à du varech. Cette chose se jeta sur moi.*

Je croyais que son poids allait m'écraser, mais je me trouvais à l'intérieur d'un tube ou d'une cavité... Je voyais d'énormes gouttes de liquide tomber du varech. Je « savais » qu'il sécrétait de l'acide digestif pour me dissoudre. »

Cette première vision du « planeur » se trouvait là en guise de réponse à la question de Castaneda quant aux raisons pour lesquelles sa vie « n'allait pas. » Elle resta sans explication, et ne fut répétée et expliquée que 30 ans plus tard, quand le « planeur » fit sa réapparition à la fin du dernier livre de Castaneda.

Castaneda renonça à son apprentissage avec Matus avant le terme de son éducation en 1965. Après toutes ses expériences, il craignait de perdre irrévocablement l'esprit et sa capacité à fonctionner dans le monde normal.

Il retourna à UCLA et s'accorda trois ans pour récupérer et écrire son livre, qui comprenait une « analyse structurelle » de son expérience rédigée dans un jargon académique tortueux. Plus tard, il se souvenait : « J'avais commencé à perdre la certitude, que nous avons tous, que la réalité de la vie quotidienne est quelque chose que nous pouvons tenir pour acquis ».

****

Dans les écrits de Castaneda, considérés dans leur ensemble, ses premières expériences avec les « plantes de pouvoir » ont peu d'importance. Toutefois, compte tenu de son appartenance à la génération des années soixante, Castaneda fit tout pour se concentrer sur l'aspect psychédélique de son récit. Ces deux premiers livres tournaient principalement autour de ça, et ce fut ces histoires qui lui valurent richesse et renommée.

Cette renommée initiale ancra à tort le travail de Castaneda dans la tradition des psychédélistes *New-Age*, qui n'avaient de cesse d'écrire sur l'utilisation des plantes de pouvoir, des herbes et des drogues dans le but d'ouvrir leurs esprits à de nouvelles réalités enchanteresses et à des vérités religieuses orientales.

À la fin du deuxième livre, Castaneda réalisait que les « plantes de pouvoir » n'étaient pas si importantes pour don Juan. Il n'en faisait usage que comme outil à court terme pour secouer les apprentis hors de leur léthargie. Elles ne menèrent pas Castaneda vers des visions *New-Age* de champs de fraises (« *Strawberry Fields* ») avec des arcs-en-ciel et des lapins blancs, mais vers un monde plus sombre dont les émanations à la fois sacrées et anciennes inspiraient l'effroi. Là-bas planaient des pouvoirs redoutables, inquisiteurs et dominateurs, dont seuls les visiteurs les plus sobres et les plus responsables pouvait prétendre s'affranchir.

4

PUISSANCE UNIVERSELLE

Qu'y a-t-il dans les « plantes de pouvoir » qui les ont rendues si efficaces pour ouvrir la conscience de Castaneda et briser ses défenses ? Selon Matus, chaque être sensible de notre monde, y compris les plantes, a un cocon invisible d'énergie, qui interagit avec l'énergie de l'univers.

Généralement les cocons des êtres vivants sont proportionnellement similaires à leurs corps physiques. Le cocon d'un grand arbre est légèrement plus grand que l'arbre physique. Le cocon d'un homme ou d'une femme a la taille de la personne avec ses bras et ses jambes étendus. Le cocon de la plupart des petites plantes est de taille similaire à la plante physique.

Les cocons des « plantes de pouvoir » sont inhabituels. Même si physiquement elles peuvent être de minuscules plantes, elles ont des cocons « presque aussi gros que le corps d'un homme et trois fois sa largeur ». Les cocons des « plantes de pouvoir » ont de nombreuses caractéristiques communes avec les humains, mais disposent d'un éventail de connexions énergétiques à l'univers plus vaste. Les « plantes de pouvoir » ont également des caractéristiques qui leur donnent une capacité spéciale à « briser la barrière de la perception ».

Pour comprendre ce que cela signifie et suivre encore davantage le parcours de Castaneda dans son apprentissage post-psychédélique, nous devons faire un bond en avant et explorer les éléments de base et la terminologie de la vision du monde de don Juan Matus. Les concepts qui guident la suite de l'apprentissage de Castaneda sont tous développés dans ses ouvrages plus tardifs, mais nous avons également besoin d'eux pour comprendre les événements décrits dans les premiers livres.

Habituellement, lorsque nous essayons d'expliquer la vie sur terre et la conscience humaine d'un point de vue rationnel ou scientifique, nous les imaginons évoluer d'un état primitif vers un état plus complexe. Nous commençons par postuler deux éléments distincts : la matière et l'énergie. Au fil des âges, nous supposons que la matière et l'énergie ont interagi et se sont combinées jusqu'à ce qu'une masse critique soit atteinte. Puis, une sorte d'étincelle aléatoire s'est produite permettant à la vie d'émerger du marais primordial. La vie inintelligente s'est développée et a évolué au cours de millions d'années supplémentaires jusqu'à ce qu'une autre masse critique soit atteinte et qu'une autre étincelle aléatoire fasse émerger la conscience et l'intelligence, comme si elles surgissaient de nulle-part.

Le point de vue de Castaneda veut que la vie et la conscience soient éternelles et entrelacées, préexistantes et intrinsèques. À son niveau le plus fondamental, et depuis l'éternité, l'univers est constitué de filaments d'énergie lumineuse qui sont déjà vivants et conscients. La vie consciente n'évolue pas à partir du néant. Elle existe partout et se manifeste à maintes reprises sous une multitude de formes différentes.

Il est presque impossible de décrire ces filaments d'énergie consciente car c'est ce qui nous constitue. En projetant sur eux notre imagination limitée, nous pouvons les visualiser comme des filaments ou des émanations. Nous ne pouvons pas dire s'ils sont grands ou petits. Chacun s'étend indéfiniment sur une longueur infinie et l'éternité en soi. Des milliards d'entre eux peuvent traverser notre être.

Cette énergie est sensible et consciente d'elle-même, palpitante, vivante et mouvante avec l'élan et le but de l'univers. Ces filaments peuvent être qualifiés de commandes de l'univers, ou son intention. Ce sont des chaînes infinies de conscience énergétique indescriptible.

« *Alors que je regardais fixement ce merveilleux spectacle, des filaments de lumière commencèrent à rayonner de tout ce qui se trouvait dans cette prairie. Au début, c'était comme l'explosion d'un nombre infini de fibres courtes, puis les fibres devinrent de longs filaments de luminosité filiformes regroupés en faisceaux de lumière vibrante qui se propageaient à l'infini. Il n'y avait vraiment aucun moyen pour moi de donner un sens à ce que je voyais, ou de le décrire, hormis comme des filaments de lumière vibrante. Les filaments n'étaient pas entremêlés ou entrelacés. Bien qu'ils aient jailli, et continuaient à jaillir, dans chaque direction, chacun était séparé, et pourtant tous étaient inextricablement groupés ensemble.*"

Ces éléments de base de l'univers sont infinis. Chacun est individuel et indépendant, mais ils ne forment qu'un pour créer des flux et des courants. Ensemble, cette infinie multitude de filaments illimités forme un vaste océan de conscience, composé de minuscules mèches d'embruns, de puissants courants et d'abysses insoupçonnés.

La vie et la conscience n'émergent pas d'une masse de matière inerte primordiale et d'une énergie impersonnelle se combinant accidentellement puis évoluant au gré du hasard. L'univers dispose d'une énergie consciente et d'un nombre infini de moules, ou archétypes, pour chaque type d'être sensible. Qui d'une certaine façon nous forgent ou nous impriment sous une forme humaine. Notre forme, alors, est comme un réceptacle qui interagit avec les filaments du pouvoir sensible universel pour accomplir un acte magique : la perception.

Nous nous matérialisons et émergeons comme de minuscules bulles flottantes à travers l'immense océan de conscience indescriptible qui dépassent très largement notre entendement. Notre existence est une partie infinitésimale d'un processus à travers lequel cet océan de conscience s'organise et se connaît. Notre forme de vie et de conscience n'est pas la couronne de la création. Elle ne représente qu'un des aspects d'une conscience universelle incommensurable qui a sa propre intention, un océan tourbillonnant impossible à concevoir ou à comprendre.

L'univers est fondamentalement prédateur par nature. Des multitudes d'entités existent dans l'univers, s'attaquant les unes aux autres, chacune en quête de la conscience de l'autre. Nous sommes à la merci de vastes courants d'énergie qui ont une conscience, et qui se manifestent sous de nombreuses formes. Des formes de vie naissent et meurent constamment. Les êtres sensibles disposent d'une conscience qu'on leur prête, et le but de la vie est d'enrichir cette conscience et de la rendre ensuite à son donateur sous une forme améliorée.

L'univers est prédateur en cela que l'interaction entre la vie et la mort est la cause nécessaire d'une conscience accrue. Une fois qu'un être sensible est né, il entre dans une danse avec la mort. La présence constante de la mort, et la conscience de celle-ci, entraînent l'amélioration de la conscience de l'individu et de l'univers.

Notre position en tant que minuscules avant-postes d'une conscience limitée dans ce vaste inconnu est précaire. Le seul contrôle possible dont nous disposons réside dans notre capacité à connaître les choses à l'intérieur de notre propre petit champ d'énergie. Notre être conscient est composé des choses qui nous sont transmises comme étant connues ; nous sommes comme de minuscules îlots flottants dans un espace illimité de pouvoirs insoupçonnés. Nous construisons et entretenons notre île en apprenant à percevoir des objets sélectionnés. Pour survivre, nous devons protéger notre île en contrôlant notre propre conscience, en nourrissant notre perception des choses que nous connaissons, en bloquant l'inconnu qui autrement nous engloutirait.

De nombreux types d'êtres sensibles existent dans l'univers de la conscience énergétique, aussi bien des êtres organiques que des entités inorganiques qui sont conscientes mais désincarnées. Il existe des hiérarchies de conscience. Nous sommes conscients de nombreux êtres qui n'ont peu ou pas conscience que nous existons et les percevons, tels que de nombreux insectes et de créatures microscopiques. Il existe des entités qui sont conscientes de nous bien que nous n'ayons pas conscience d'elles, même si nous partageons le même espace.

*****

Chaque être sensible, qu'il soit organique ou non, est pourvu d'un cocon fait d'énergie. Une personne humaine est un cocon sphérique de la taille du corps humain avec les bras et les jambes étendus.

Des filaments universels d'énergie viennent de l'infini pour passer à travers la membrane du cocon, de part en part du cocon, et continuent de nouveau vers l'univers jusqu'à l'infini. Le cocon définit et enferme des filaments qui lui passent à travers et qui s'étendent ensuite à l'infini dans d'innombrables directions.

L'énergie à l'intérieur et à l'extérieur des cocons est la même ; ce sont les mêmes filaments. Les humains sont fabriqués par ces filaments universels d'énergie qui s'étendent à l'infini dans toutes les directions, et leurs sont directement connectés.

Certains faisceaux de filaments d'énergie universels traversent notre cocon. Le même groupe de filaments traverse les cocons de tous les humains. Il n'y a aucun moyen de comprendre comment ce regroupement d'incompréhensibles filaments d'énergie consciente se produit, mais selon Castaneda les sorciers et les voyants de l'ancienne tradition de don Juan peuvent le percevoir directement.

Notre terre est elle aussi un être vivant et sensible avec un cocon dans lequel nous vivons. Notre histoire fait partie de l'histoire de la terre. Les filaments universels infinis qui nous traversent constituent une infime partie de la collection de filaments infinis de la terre. La vie de nos cocons humains se produit à l'intérieur du cocon beaucoup plus vaste de la terre, et nos destins sont liés et entrelacés.

Le cocon de chaque être vivant contient des filaments universels de conscience dont il se sert pour percevoir. Chaque cocon est rempli de milliards de cordes universelles d'énergie consciente, qui ne comprennent qu'une partie infinitésimale de toutes les cordes de l'univers tout entier. Un seul cocon, bien que petit par rapport à l'ensemble, contient néanmoins d'innombrables milliards de cordes d'énergie consciente à l'intérieur de lui-même.

Seule une petite partie des cordes qu'il renferme est utilisée. Chaque être vivant dispose d'une caractéristique dans son cocon qui sélectionne certaines émanations à utiliser pour la perception tout en négligeant d'autres. Cette caractéristique est le point à partir duquel chaque être sensible est raccordé à l'univers, directement connecté à l'esprit et à l'intention de l'univers.

Les humains sont pourvus d'un orbe d'énergie lumineuse de la taille d'une balle de tennis, approximativement, située à la surface du cocon, à environ une longueur de bras derrière l'épaule droite. Cette boule d'énergie est l'agent qui sélectionne les émanations qui traversent nos cocons et qui sont utilisées pour la perception. C'est ce qu'on appelle le point d'assemblage étant donné qu'il s'agit du point où la perception est assemblée. On peut également l'appeler l'agent de sélection, car il sélectionne certaines émanations et en ignore d'autres.

Seule une petite partie du nombre total d'émanations à l'intérieur du cocon est sélectionnée, tandis que le reste est ignoré. Si le point d'assemblage se déplace sur la surface ou à l'intérieur du cocon, il sélectionne toutes les émanations universelles enfermées sur lesquelles il tombe. Ces filaments internes de conscience sont alors raccordés aux mêmes filaments à l'extérieur du cocon s'étendant à l'infini, et c'est ainsi que l'acte de perception se produit.

L'acte de perception est un processus magique qui se produit lorsque des filaments d'énergie universelle qui traversent nos cocons humains sont sélectionnés et ensuite éclairés par notre point d'assemblage. Le point d'assemblage relie, aligne et éclaire les parties internes et externes de ces cordes d'énergie sélectionnées qui s'étendent jusqu'à l'infini. Ce qui en résulte est la perception. Nous apprenons où placer notre point d'assemblage et, par conséquent, quoi percevoir, de nos parents et gardiens, à partir du moment de la naissance.

Nous pouvons dire qu'un être humain a un point d'assemblage. Il peut être plus exact de dire que l'univers a des milliards ou des trilliards de points d'assemblage. Nous sommes ce que nous sommes et vivons dans notre monde du fait de la position de notre point d'assemblage dans l'univers de l'énergie consciente.

Le point d'assemblage existe à l'intérieur d'un cocon, dans un univers d'énergie consciente. En sélectionnant et combinant des filaments d'énergie consciente, un point d'assemblage assemble simultanément un monde et un être conscient dans ce monde. La nature particulière de ce monde et de cet être est déterminée par la sélection des filaments d'énergie ainsi que le degré et l'intensité de la conscience. L'intention qui fait que le point d'assemblage assemble la perception provient de l'univers en dehors du cocon.

Selon Castaneda, l'énergie totale à l'intérieur de nos cocons est divisée en deux parties. Une partie est la bande humaine, qui est la collection d'énergie accessible à la perception humaine, composée d'environ un tiers de l'entièreté du cocon. Les deux autres tiers sont des filaments d'énergie non humains à l'intérieur de nos cocons mais en dehors de la palette de perception humaine.

La bande humaine est organisée en 48 faisceaux. Pour percevoir notre monde ordinaire, nous utilisons deux de ces faisceaux. Il existe 46 faisceaux d'énergie supplémentaires dans nos cocons que nous pouvons apprendre à utiliser mais que nous n'utilisons d'ordinaire pas. Sur ces 46 faisceaux, six appartiennent à un royaume jumeau d'êtres qui cohabitent aussi avec nous sur terre. Ils sont également pourvus de cocons et de points d'assemblage, mais ils ne disposent pas d'organismes physiques qui respirent, mangent et se reproduisent.

Beaucoup de ces êtres qui co-existent avec nous sont conscients de nous, mais nous n'avons généralement pas conscience d'eux. Don Juan Matus les désignait parfois comme nos « jumeaux », parfois comme nos « cousins ». Ils sont conscients de nous, mais ne peuvent pas nous contacter. Nous n'avons généralement pas conscience de leur présence, mais lorsque c'est effectivement le cas, nous pouvons prendre l'initiative de les contacter, ce qui peut dès lors ouvrir la porte à la relation.

Le nombre et la variété de ces entités jumelles qui partagent notre monde quotidien, bien qu'en dehors de notre conscience ordinaire, sont plus grands que le nombre et la variété d'entités que nous percevons normalement tout au long de notre vie. La variété des entités invisibles et non-organiques dans notre monde dépasse de loin les milliers d'espèces organiques que nous avons comptées jusqu'ici.

Les 40 autres faisceaux d'énergie dans la bande humaine de nos sphères lumineuses appartiennent à d'autres mondes. Si nous les utilisions tous, il serait possible d'assembler au moins 600 mondes complets supplémentaires. Plus de 600 mondes nous sont accessibles, en utilisant l'énergie qui traverse la bande humaine dans nos sphères lumineuses.

Ces mondes sont aussi complets et captivants que les nôtres ; des êtres vivent et meurent dedans, et nous pouvons les visiter ainsi que vivre et mourir dedans, également. Si l'on devait se demander où ces mondes existent dans l'univers, il est impossible de dire autrement que ces mondes, et les êtres qui vivent dedans ou les visitent, existent dans leurs positions respectives d'assemblage.

Ils existent constamment et indépendamment de notre monde, mais nous sont inaccessibles. Nous en sommes protégés car nous sommes conditionnés à les ignorer et à supposer que le monde normal de notre vie quotidienne est la seule réalité possible. Si notre point d'assemblage reste rigide à un endroit, il y a un mur de perception entre nous et les occupants jumeaux de notre monde, et entre notre monde et tout autre monde.

Il existe des milliers de milliards de positions dans l'univers où les points d'assemblage peuvent assembler des mondes et des êtres. Tous les êtres vivants ont des cocons et des points d'assemblage dans le flux des émanations (semblables à des cordes) de l'énergie consciente.

Le cocon est une caractéristique temporaire,

commençant à la naissance et se terminant à la mort. Castaneda n'explique pas comment se produit la naissance d'un cocon dans cet univers d'énergie consciente. Il affirme que tout acte sexuel provoque des sentiments et d'autres parties constituantes qui flottent normalement intacts dans l'univers pour essayer de se combiner et engendrer la conception d'un nouvel être. La mort survient lorsque le cocon s'affaiblit du fait de son utilisation et s'effondre, permettant ainsi à l'énergie enfermée de s'échapper pour retourner dans l'immensité de l'univers.

Les cocons existent dans un océan de puissance universelle en mouvement perpétuel. Ce pouvoir, qui contient la conscience de l'univers et son intention, lamine constamment ces cocons. Cette « force roulante » comporte deux aspects. Le premier est ce qui nous donne la vie, le but et la conscience ; le second est le pouvoir qui ouvre et détruit le cocon au moment de la mort. Cette force duale de vie et de mort nous assaille constamment tout au long de notre vie, usant peu à peu le cocon jusqu'à ce qu'il ne puisse plus utiliser la force roulante, mais qu'il succombe à celle-ci.

L'énergie consciente piégée à l'intérieur du cocon et constamment en mouvement et a du mal à se connecter à l'énergie extérieure. Les innombrable filaments à l'extérieur exercent une pression constante sur les cocons. La pression extérieure initie la conscience en cessant le mouvement de l'énergie piégée, qui lutte en permanence pour s'extraire – luttant, en l'occurrence, pour mourir. Lorsque les émanations intérieures se joignent aux émanations extérieures, la conscience commence et la mort est déjouée. Nous devons percevoir ou mourir.

Notre perception implique toujours la totalité de notre énergie. Il n'y a pas d'énergie supplémentaire dans nos cocons qui ne soit impliquée dans l'acte de perception, d'être dans notre monde.

Nous sommes des « perceveurs ». C'est la raison de notre naissance. Dans un univers prédateur infini qui dépasse de loin notre compréhension, nous disposons d'une île sûre de tout ce qui nous est donné comme connu en guise de refuge. D'autres types inconnus de vie sensible existent autour de nous, et certains d'entre eux ont conscience de nous, mais notre mur perceptuel les soustrait à notre regard pendant la vie. Gérer notre minuscule île, en tâchant de nous protéger dans ce vaste océan de conscience, épuise toute notre énergie, ce qui revient à dire toute notre conscience.

5

AVEC LES DONS DANS LE DÉSERT

« Je ne suis qu'un homme, don Juan », prétexta Castaneda en réponse à la question de Matus : « As-tu la moindre idée du monde qui t'entoure ? »

En 1968, Castaneda retourna au Mexique et reprit son apprentissage avec don Juan Matus. Ce qui déclencha la dernière phase de leur relation, qui se poursuivit sans interruption jusqu'à la disparition de Matus en 1973.

L'échange ci-dessus illustrait parfaitement le type de plaisanterie entre Castaneda et don Juan au fil de leur parcours à travers les déserts et les villes. Don Juan mettait son chapeau, le jetait par terre, lui tapait sur la cuisse, le regard perçant ou perplexe, faisait une blague, craquait ses articulations, ouvrait grand ses yeux, tapait Castaneda dans le dos et se léchait les babines. Curieux, perplexe, agacé, effrayé et exaspéré, Castaneda posait des questions constamment, souvent inutilement. Si les écrits de Castaneda relèvent du pur fantasme, alors sa capacité littéraire à décrire les progrès d'un apprenti sorcier, fiers bien que craintifs et hésitants, de l'ignorance à la compréhension est magistrale. Au cours de 30 années et 12 livres, Castaneda l'apprenti a toujours compris et mal compris juste ce qu'il faut de chaque instant, et l'a démontré à travers ses évasions, dénis, tics obsessionnels et autres réactions.

L'acolyte de Don Juan fut présenté : le sorcier redoutable mais néanmoins agile, et pour le moins comique, Don Genaro Flores. Il devint l'assistant du nouvel apprentissage, parfois burlesque, de Castaneda. Don Genaro, un Indien mazatèque du centre du Mexique, apparaissait comme un simple paysan, timide et enclin à l'autodérision, mais qui continuellement amusait, provoquait et terrifiait Castaneda par des actes de théâtralité, de pantomime et de magie aussi inexplicables que sophistiqués.

Au côté de don Genaro, Matus présenta également Nestor et Pablito, ses autres apprentis. Ils accompagnèrent Castaneda durant la plupart de ses prouesses à partir de cet instant. Dès lors, le redoutable apprentissage de Castaneda était imprégné d'humour, teinté de camaraderie « macho latino » à tel point que les blagues tournaient bien souvent autour de pets et des sous-vêtements féminins.

Don Juan déclara qu'il voulait dédramatiser un peu les choses ; il conclut que le retrait anticipé de Castaneda était dû au fait qu'il prenait les choses trop au sérieux. Castaneda essayait toujours de prendre des notes subrepticement, et se faisait taquiner inlassablement à ce sujet ; il faisait l'objet de railleries de la part de don Genaro pour avoir toujours les mains dans ses poches, où il gardait ses carnets. Genaro se tenait sur la tête pour illustrer l'absurdité consistant à essayer de devenir un sorcier en prenant des notes.

Castaneda dit à Don Juan qu'il ne voulait plus de peyote. Il ne tenait plus à avoir son sens de la réalité bouleversé par les enseignements de Matus. Il venait tout juste de publier un best-seller à la fois populaire auprès du public et loué par la critique, et il programmait des tournées de conférences lucratives comme celle que j'eu raté plus tard. Et il se rapprochait de son doctorat. Un homme célèbre et de renommée internationale n'est généralement pas candidat à un apprentissage de sorcellerie opéré dans une cabane délabrée dans le désert mexicain. Matus ignora tout bonnement cet aspect des choses et accueillit de nouveau Castaneda comme un fils prodigue pour continuer son apprentissage. Sans savoir pourquoi, Castaneda accepta.

*****

Bon nombre des lecteurs de Castaneda étaient emballés par les aventures psychédéliques des deux premiers livres, mais s'en désintéressèrent complètement par la suite lorsqu'ils réalisèrent que les plantes hallucinogènes ne jouaient en définitive qu'un rôle modeste, et seulement au tout début. En effet, à la fin des événements de son deuxième livre, Voir (« *A Separate Reality* »), Castaneda cessa d'utiliser toute forme de « plante de pouvoir ». Il avait fait usage du peyote, de mauvaise herbe du diable et de mixture à base de champignon de 1960 à 1965, comme décrit dans le premier livre. Au moment où il retourna au Mexique en 1968, la réserve de plantes et de champignons qu'il avait cultivée par le passé, et par la suite abandonnée, n'avait pas survécu ou s'était décomposée. De 1968 à 1969, il rapporta quelques épisodes lors desquels il avait fumé la mixture de champignons, mais seulement car Matus avait insisté, et il dû se résoudre à utiliser la réserve de Matus, étant donné qu'il n'en avait pour sa part aucune.

Matus expliqua que les plantes étaient nécessaires pour secouer Castaneda hors d'un état léthargique, bien que le coût auquel son corps s'exposait était significatif. Castaneda devait recevoir un choc pour réaliser qu'il existe d'autres états de conscience et d'autres mondes. Aux fins de cette réalisation, ses boucliers devaient être désagrégés.

Nos boucliers sont composés de notre dialogue intérieur et extérieur - notre manière habituelle et obsessionnelle de penser et de projeter nos pensées sur la perception sans interruption. Ces boucliers sont à la fois la cause et l'effet résultant du maintien rigide de notre point d'assemblage à un endroit. On nous a appris comment immobiliser et stabiliser notre perception à travers notre parole et notre réflexion habituels ; c'est ainsi que notre parole et notre réflexion sont devenus nos boucliers.

Dans ses deuxième, troisième et quatrième livres, Castaneda décrit une série d'expériences d'apprentissage évoluant selon un même schéma : Don Juan manipule Castaneda dans une certaine situation pour faire face à un défi d'apprentissage dangereux. Castaneda perçoit cela et devient nerveux et agité, posant des questions, cherchant du réconfort ou des orientations, essayant de changer de sujet ou de trouver la pédale de frein. Au final, Matus le pousse brusquement vers n'importe quel défi s'étant matérialisé. Castaneda se précipite de façon désordonnée, identifiant mal les opportunités et les dangers, et tombe invariablement dans un piège ou un péril en donnant trop facilement libre cours à ses réactions émotionnelles.

Castaneda rencontra un « gardien de l'autre monde », se manifestant sous les traits d'un moucheron géant. Il rencontra ce gardien plusieurs fois jusqu'à ce qu'une rencontre devienne dangereuse. Le gardien lui fit signe de s'en aller : il tourna le dos à Castaneda, lui montrant son derrière. Dessus figurait des dessins multicolores et Castaneda fut impressionné et le regarda fixement. Le monstre s'en offusqua et attaqua ; Castaneda ne survécu que grâce à l'intervention de don Juan.

Une autre fois, Castaneda contemplait l'eau dans un ruisseau d'irrigation, rêvassant, et ignorant les avertissements et les instructions de don Juan, et fut emporté par le courant. Il se retrouva trop loin, perdu dans un royaume inconnu, sans savoir où il se trouvait ni comment revenir. Matus le sauva de nouveau, mais cette expérience eut pour conséquence de rendre toutes les étendues d'eau dangereuses pour lui ; on ne put plus le laisser s'approcher d'une source d'eau pendant un certain temps.

Castaneda avait perdu quelques-uns des boucliers qui formaient autrefois un mur de perception pour le protéger. Il n'était toutefois pas prêt à assumer la responsabilité de ses rencontres dans la réalité séparée auxquelles il était désormais confronté. Il ne parvenait pas à identifier et à respecter le danger, ou à s'extraire du mal. Il ne s'intéressait qu'à ce qui advenait, sans distinction, comme s'il n'eut pas cru que cela se produisait réellement, ou comme s'il étudiait simplement un phénomène intéressant, ou qu'il rêvassait.

Un monde dangereux de pouvoir continuait à s'ouvrir. Matus fut contraint de sauver Castaneda à la fin de chaque expérience. Il avait besoin de supervision et de protection pour l'empêcher de s'aventurer trop loin et d'être perdu pour toujours dans un autre monde, ou d'être blessé ou même tué lors d'une rencontre irréfléchie avec un pouvoir plus grand qu'il ne reconnaissait ou ne respectait pas.

Le vrai danger, et la véritable aventure, débuta à partir du moment ou don Juan cessa de donner des « plantes de pouvoir » à Castaneda. Les événements de son apprentissage commençaient à avoir un impact et une valeur différents, et marquèrent une nouvelle phase de sa vie. Lorsqu'il reprit son apprentissage qui n'impliquait désormais plus de manger du peyote ou de fumer des champignons, il ne pouvait plus qualifier ses expériences d'hallucinations. Tout avait la même réalité et la même importance.

Lorsqu'il mangeait du peyote ou des champignons, ou qu'il utilisait la fumée, Castaneda pouvait attribuer toute expérience extrême ou rencontre effrayante aux « plantes de pouvoir », et non à lui-même en tant que *perceveur*, ni au monde réel en général. Une fois que Castaneda réalisa que d'autres réalités existaient bel et bien et avaient sur les lui des répercussions, tout changea. Matus lui dit que...

« Le monde est effectivement rempli de choses effrayantes et nous sommes des créatures sans défense entourées de forces inexplicables et inflexibles. L'homme moyen croit que ces forces peuvent être expliquées ou changées... tôt ou tard. En s'ouvrant à la connaissance, un sorcier devient plus vulnérable... en s'ouvrant à la connaissance, il devient la proie de telles forces et n'a

qu'un moyen de retrouver son équilibre... il doit se sentir et agir comme un guerrier. Ce n'est qu'en tant que guerrier que l'on peut survivre à la voie de la connaissance. »

EN POUSSANT Castaneda à bout de façon répétée à l'aide des puissantes « plantes de pouvoir », Matus lui fit lâcher ses boucliers. Entraînant ainsi l'ouverture des portes qui séparaient sa réalité normale de l'univers irréductible de l'énergie consciente. Même si sa raison, encore, s'accrochait et l'empêchait de le percevoir, il était vulnérable au vaste océan de conscience prédatrice indescriptible contenue dans l'immensité de l'univers, et dans nos propres cocons. Lorsqu'il s'aperçut que cette ouverture persistait sans pouvoir être attribuée à l'excuse, commode, que lui fournissait la consommation de drogues, et qu'il n'était simplement plus possible de revenir à la réalité avec une bonne nuit de sommeil, cette réalisation marqua un tournant décisif dans sa vie. Castaneda avait surmonté la nécessité d'être sorti de sa torpeur par le peyote ou les champignons.

Mais pourquoi un homme célèbre et ayant réussi voudrait ou s'autoriserait-il à s'ouvrir à des forces « inexplicables et inflexibles » ?

Selon don Juan Matus, là réside le paradoxe de la conscience : pour nous protéger des forces inexplicables et inflexibles qui nous entourent, nous devons contrôler notre conscience. Inversement, si nous n'avons de cesse de contrôler notre conscience dans la vie, nous nous privons de notre droit Humain le plus fondamental, en tant que *perceveurs* capables de magie.

Pendant la période d'utilisation du peyote et des

champignons, alors que Matus lui donnait les « plantes de pouvoir » dont l'onde de choc avait pour but d'engendrer en lui une nouvelle ouverture d'esprit, il enseigna également à Castaneda des techniques qui le prépareraient à faire face à ce paradoxe insoluble qu'est la conscience. Il lui montra un mode de vie qui permettait aux *perceveurs* d'élargir sa conscience tout en se protégeant des forces implacables et inexplicables qui attaquent les consciences émergeantes.

Auparavant, Castaneda avait ignoré avec arrogance ces enseignements. Désormais, il en avait besoin pour protéger sa vie et sa santé mentale. Ces techniques de survie devinrent le sujet du troisième livre, *Voyage à Ixtlan*.

Castaneda affirme que ce livre était basé sur des notes de terrain de ses premières années avec Matus ; il les avait mis de côté parce qu'il n'avait pas réalisé leur importance. Ce sont des leçons de Matus qui, dès le début, lui apprit à se déplacer dans le monde comme un « guerrier », à puiser dans une nouvelle conscience et un nouveau pouvoir tout en résistant aux assauts de l'inconnu.

Castaneda fut forcé d'accepter que l'extravagance de ses expériences n'étaient pas simplement attribuable au peyote, et que les défis qu'il rencontrait étaient des composantes de l'aventure Humaine auxquelles personne ne pouvait échapper. Quiconque s'aventurait sur la voie du savoir s'exposait à l'inconnu. Il devenait accessible et vulnérable aux vastes pouvoirs qui l'assaillaient lui et tous les autres êtres humains. Il ne pouvait littéralement pas survivre sans devenir et réagir en guerrier qui, entré dans la bataille, devait sauver sa propre vie.

Un guerrier dans une bataille peut mourir à tout moment. Par conséquent, le guerrier part en guerre la peur au ventre bien que parfaitement alerte. Il respecte sa situation, reste attentif à tout ce qui l'entoure et a pleinement confiance en lui. Il ne gaspille ni ses mouvements ni son énergie, pas plus qu'il ne se livre à des pensées inutiles ou improductives. Il ne compte pas sur les autres ou les blâme pour sa situation difficile. Il ne revendique pas son statut ou son identité pour s'exalter ou se protéger, il fait preuve d'abnégation et il est l'égal de tout et de tous.

Il sait que la mort est proche, et que même s'il survit à cette bataille, il mourra un jour de toute façon. La conscience de la mort lui donne une mesure de liberté et d'abandon, qui ajoute du pouvoir et de la grâce à ses actions. Il adopte un certain état d'esprit, et se tient responsable de chaque expérience, quoi qu'il advienne. Il prend tout au sérieux, tout en riant de tout cela.

Les titres de chapitre de son troisième livre énumèrent les principaux thèmes du système de bien-être de Castaneda pour un guerrier au combat : *Effacer l'histoire personnelle*, *Renoncer à sa suffisance*, *La mort est un conseiller*, *Assumer sa responsabilité*, *Devenir un chasseur*, *Être inaccessible*, *Perturber les routines de la vie*, *La dernière bataille sur Terre*, *Devenir accessible au pouvoir*, et *L'état d'esprit d'un guerrier*.

De toute évidence, nos vies ordinaires ne sont pas organisées de telle manière à créer l'état d'esprit d'un guerrier. Au lieu de cela, nous nous assurons constamment que notre monde soit compréhensible et sûr. Si nous rencontrons quelque chose que nous ne sommes pas en mesure de comprendre, nous supposons sa résolution future en toute sécurité à un moment donné. L'état d'esprit d'un guerrier ne s'applique que lorsque quelqu'un est exposé à un danger extrême et inexorable. Quel intérêt quelqu'un menant une vie confortable aurait-il à acquérir cet état d'être ? D'où provient le défi qui déclencherait naturellement cet état d'esprit ?

Matus enseignait à Castaneda l'art d'être accessible ou inaccessible, en fonction de la situation. Tout comme un homme en guerre pourrait trouver une place pour faire une pause, et ainsi acquérir une certaine capacité à choisir son champ de bataille, l'homme ou la femme en quête de connaissances peut apprendre à être inaccessible ou accessible. Il doit décider consciemment quand se révéler et quand rester cachée des défis qui l'entourent en permanence. Le guerrier choisit d'être inaccessible ou accessible, au lieu de passer inopinément d'une stupeur semi-consciente à un éveil effroyable.

Selon Matus, les défis naturels qui peuvent susciter l'état d'esprit d'un guerrier sont autour de nous tout le temps. Nous sommes littéralement cernés par l'éternité. Nous nous rendons inaccessibles à elle, séparés et protégés d'elle. Nous n'avons de cesse de nous concentrer, de minute en minute, de seconde en seconde, sur les préoccupations de nos vies personnelles, ce qui dresse un mur de perception.

Matus s'efforça d'enseigner à Castaneda l'art d'être ouvert aux pouvoirs qui existent autour de nous sans les laisser nous anéantir. Il déclara, « ce monde est un endroit mystérieux. Croire que le monde se résume à ce que tu penses, est stupide. » Mais se rendre insouciant dans l'inconnu, dans le mauvais état d'esprit, est encore plus stupide car cela nous expose à des forces dangereuses, incontrôlables et implacables.

Il passa des jours à chasser avec don Juan dans le désert. Matus lui enseigna les habitudes de divers animaux de proie, tels que les serpents à sonnettes, les petits mammifères et les oiseaux. Castaneda se souvenait d'une fin d'après-midi où il avait joui d'un sentiment de satisfaction après une journée passée à errer dans le désert. Il commençait à faire froid et ils étaient encore loin de la maison de don Juan. Brusquement, Matus se leva et annonça qu'ils allaient escalader une colline voisine et se tenir au sommet dans une clairière.

Alors qu'ils atteignaient le sommet de la colline, Matus dit : « N'aie pas peur. Je suis ton ami et je veillerai à ce qu'il ne t'arrive rien de mal. » Bien sûr, ces mots rassurants eurent l'effet inverse, changeant l'humeur de Castaneda en pure effroi.

Matus Murmura, « voilà, regarde regarde ! » alors qu'une rafale de vent frappa Castaneda au visage.

Tandis que Castaneda soutenait que c'était seulement le vent, qui était causé par de légères perturbations de la pression de l'air et de la température, Matus lui demanda de ramasser des branches dans les arbustes et les buissons environnants. Il fit coucher Castaneda pendant qu'il les couvrait de branches et de feuilles. Après s'être allongés tranquillement là pendant cinq minutes, le vent se calma.

Quelques instants plus tard, après s'être assis et avoir poursuivi leur discussion, Matus indiqua à nouveau l'approche de quelque chose, et le vent les frappa de nouveau. Ils durent recueillir de nouvelles branches et, de nouveau, se cacher pour le faire disparaître.

Matus expliqua que ce n'était pas simplement le vent auquel ils étaient confrontés à cette heure crépusculaire, mais le pouvoir lui-même. Le pouvoir se cachait dans le vent, un peu à la manière d'une « spirale, d'un nuage, de la brume, d'un visage qui se retourne ». Le monde est vraiment un endroit mystérieux. Le pouvoir peut s'avérer utile à un chasseur, ou nuisible. C'est là le secret des grands chasseurs, « Être disponible et ne pas être disponible au moment précis du tournant de la route. »

*****

Dans l'une des scènes les plus mémorables de toutes les œuvres de Castaneda, Don Genaro escalade une falaise et saute de pierre en pierre, gambadant au sommet d'une cascade de 50 mètres. Il fait preuve d'une maîtrise de l'équilibre en utilisant des fibres de son être lumineux pour se soutenir. Castaneda ne put pas voir les fibres. Il put seulement regarder. Il perçut seulement une série de mouvements physiques incroyablement difficiles. Il en déduisit que c'était un tour de passe-passe, ou qu'il avait éventuellement été hypnotisé par l'événement.

Il y a une différence entre regarder et voir, de la même manière qu'il existe une réalité séparée. Nous regardons une réalité mais fermons les yeux à la réalité séparée à moins que nous soyons en mesure de voir. Voir implique d'utiliser le corps humain dans son entièreté, y compris les parties invisibles, comme un instrument de perception ; voir se produit indépendamment des yeux.

L'état d'esprit général de la perception ordinaire dominée par les préoccupations prédatrices est d'ordre visuel. Il a toujours été d'une importance primordiale pour les humains d'être en mesure de regarder un lieu, de s'en imprégner, et d'en reconnaître rapidement les dangers et les opportunités du point de vue d'un prédateur. Les yeux ont appris à regarder les choses, et à jeter de brefs coups d'œil d'un point à un autre. L'esprit complète la signification du décor et de chaque objet qui le compose, et de leurs valeurs aux yeux d'un être prédateur qui est à la fois chasseur et chassé.

Regarder les choses, regarder le monde, est un comportement qui s'acquière. Les nouveau-nés ne vous regardent pas. Ils regardent dehors et voient autre chose.

« Nous apprenons à penser à propos de tout. Et ensuite nous entraînons nos yeux à regarder comme nous pensons aux choses que nous regardons. » Nous apprenons à penser, et dans nos pensées nous décrivons le monde et notre place en son sein ; puis nous utilisons nos pensées pour aider nos yeux à regarder les choses. Nous attirons l'attention sur des objets connus et sur notre monde familier. Dès lors que nous apprenons cela, nous regardons tout et oublions comment voir.

Selon Matus, la vision humaine normale relève « plus de l'interprétation que de la perception ». Nous ne prenons pas la peine d'utiliser notre ressenti, notre odorat ou même notre audition pour faire des identifications complexes et engageantes. Habituellement, nous ne faisons que « toucher l'énergie entrante légèrement avec nos yeux », ce qui déclenche un système d'interprétation qui identifie et assigne immédiatement des attributs et des valeurs : arbre, maison, femme, vieux, beau, dangereux. À travers notre regard de type stroboscopique, nous fabriquons un monde entier dans lequel vivre. Nous nous efforçons constamment de maintenir, mais également de concentrer notre attention sur ce monde, séparé de l'univers tel qu'il l'était avant que nous apprenions à le filtrer par le truchement de nos pensées et notre regard.

On nous enseigne et nous oblige dès l'enfance à rejoindre notre groupe et à regarder les choses ensemble ; nous nous mettons d'accord sur ce qui est réel et sur ce qui ne l'est pas. Nous procédons ainsi pour établir un avant-poste sûr dans l'inconnu, avec tous les humains qui partagent la même planète. Nous établissons une voie à suivre tout au long de la vie pour nous protéger dans nos actes de l'océan universel de la conscience prédatrice. Nous séparons le connu de l'inconnu, et ignorons et nions l'inconnu.

Castaneda n'est jamais parvenu à voir, sans assistance, à aucun moment de son apprentissage avec Matus. Ce ne fut que plus tard, plusieurs années après le départ de Matus, que la raison de Castaneda céda et lui permit de voir. Une fois qu'il put voir, il put également se souvenir de tout ce qu'il avait vu auparavant.

En utilisant les « plantes de pouvoir », Matus poussait Castaneda à s'ouvrir aux pouvoirs qui existent dans l'univers. Une fois que ce fut le cas, la notion même d'hallucination devenait caduque. Toute choses, toutes perceptions, étaient égales. Il dut se résoudre au fait qu'un usage de drogue désinvolte, qu'une bonne nuit de sommeil suffisait à faire oublier, n'était plus possible.

Matus enseigna à Castaneda qu'il n'y a pas de façon désinvolte de manger ou de boire. Il n'y a pas de sexualité désinvolte. Il n'y a pas de marche désinvolte dans le désert, pas plus qu'en ville. En fait, il n'y a pas de pensée désinvolte. Chaque pensée est une action qui contrôle notre conscience et notre perception, qui détermine tout.

La philosophie est une question de vie et de mort. Rien n'est réel, mais tout compte.

*****

Matus commença à aborder avec Castaneda le thème du rêve. Il disait que le moyen le plus sûr de se rendre accessible à l'inconnu consistait à développer et à utiliser un mode de conscience que nous expérimentons dans nos rêves. Les hommes et les femmes sont des boules lumineuses d'énergie vivant au milieu de grands tourbillons de bandes d'énergie. Nous nous percevons nous-mêmes et notre monde en maintenant notre point d'assemblage dans un endroit spécifique, ce qui crée un monde intérieur et extérieur. La façon d'accéder à de nouvelles bandes d'énergie, qui contiennent des perceptions non-ordinaires, consiste à déplacer le point d'assemblage. Mais on ne peut pas le déplacer par des ordres conscients.

Notre point d'assemblage se déplace naturellement pendant le sommeil, générant ainsi nos rêves. L'exploration de nos rêves est le moyen le plus simple de développer cette capacité d'utiliser le mouvement du point d'assemblage. Il n'est, toutefois, pas question selon Matus d'analyser nos rêves d'une manière psychanalytique. La psychanalyse des rêves est une façon de les appréhender selon notre point de référence existant, ou une façon de mettre à jour ou d'améliorer notre perspective et nos performances normales en y incorporant de nouvelles informations tirées des rêves.

Dans les écrits de Castaneda, il est question de développer notre attention à l'intérieur d'un rêve, pas de le regarder de l'extérieur. Dès la plus tendre enfance, nous assemblons d'abord notre monde en focalisant notre attention exclusivement sur une position du point d'assemblage. Il affirme que nous pouvons assembler un autre monde en nous concentrant sur les choses qui apparaissent dans nos rêves, lorsque le point d'assemblage s'est déplacé aléatoirement dans une position différente. En fait, notre réalité quotidienne est un rêve parmi beaucoup d'autres, imposé et amélioré en raison du consentement de tous les êtres humains sur notre planète qui le partagent. L'univers est peuplé de rêves et d'êtres qui les partageant en fonction de leurs consentements. L'univers est rempli de points d'assemblage, d'endroits où l'énergie consciente est recueillie et combinée à travers l'acte de perception.

Il est naturel de partager le rêve. Notre réalité quotidienne n'est autre que cela : un état de rêve humain partagé à l'unisson par de nombreuses personnes ensemble. Nous n'avons pas conscience que c'est un rêve car nous n'avons pas d'autres rêves communs à comparer. Le monde dont nous rêvons ne relève pas de l'arbitraire de notre choix ; il est advenu parce qu'il exprime l'intention de l'univers. Ce que nous accomplissons dedans une fois que nous nous retrouvons propulsé dans un rêve est notre choix. Nous devons assumer la responsabilité de tout ce qui se produit, pour obtenir un certain degré de contrôle.

*****

L'orientation du travail de Castaneda change dans le troisième livre. Il n'est désormais plus question de fumer des champignons ou de manger du peyote pour s'extraire de la réalité normale, mais plutôt de savoir comment nous pouvons sortir de notre réalité normale pour la transformer en une autre réalité sans recours aux «

plantes de pouvoir », et à quel point il est difficile et dangereux de procéder ainsi. C'est une quête solitaire, qui isole des autres d'une manière radicale. Sans les préceptes de la « voie du guerrier », se détacher de la réalité consensuelle est tout bonnement de la folie.

Au cours de l'un de ses trajets de trois jours en voiture de Los Angeles au Mexique, Castaneda passa deux nuits dans un hôtel en périphérie d'une ville mexicaine pendant que sa voiture était en réparation. Du café de l'hôtel, il observait au dehors un groupe d'enfants pauvres qui passaient leurs journées à errer sur le trottoir. Ils attendaient patiemment que les clients s'en aillent avant de faire une razzia sur les restes et de les engloutir, puis nettoyaient la table et se repliaient poliment vers le trottoir. Castaneda se sentait abattu à l'idée que ces enfants puissent vivre sans espoir. Il fit part de son opinion à Matus sur le fait qu'ils étaient privés des « opportunités de satisfaction et de développement personnel » dont il bénéficiait lui-même.

« Tu te crois plus avancé, n'est-ce pas ? », répliqua Matus. « Ta liberté et tes opportunités peuvent-elles t'aider à devenir un homme de savoir ? Tous les hommes de savoir que je connais étaient des gamins comme ceux que tu as vu manger des restes et lécher la table. »

6

JETER L'AUTRE MOI D'UNE FALAISE

Castaneda se souvenait d'une journée amusante que lui et Matus avaient passée avec Don Genaro Flores dans sa cabane délabrée au cœur des montagnes. Le vieil homme les régala pendant des heures en exécutant des pantomimes hilarantes et des gestes acrobatiques, Castaneda étant généralement la cible de ses blagues. En fin d'après-midi, don Juan s'excusa pour aller dans les buissons et uriner. Quand Matus retourna, Genaro se leva de façon spectaculaire, renifla le vent et déclara : « Je ferais mieux d'aller où le vent souffle », avec une expression extrêmement sérieuse, puis il partit à pied. Matus avertit Castaneda de ne pas s'inquiéter s'il entendait des bruits étranges pendant que Genaro était dans les buissons, car « quand Genaro chie, les montagnes tremblent. » Quelques minutes plus tard, Castaneda entendit un « grondement profond et surnaturel », qu'il ne put identifier. Quand il regarda don Juan pour savoir ce qui se passait, Matus était plié de rire.

Le but ultime des aventures guidées de Castaneda

dans les déserts, les montagnes et les villes du Mexique avec ses professeurs est qu'il rencontre son « double », son autre *moi*. Selon Castaneda, tous les humains ont un autre *moi* qui existe en tout temps parallèlement au *moi* dont nous sommes normalement conscients. Deux *moi* existent en raison de notre processus de perception en deux étapes. L'autre *moi* est une version plus fondamentale et plus complète de notre être que notre *moi* de la vie quotidienne. Il a besoin du *moi* quotidien pour prospérer et survivre en tant que prédateur, et pour donner un sens à la vie – pour avoir une vie, simplement. Avoir conscience des deux *moi* en même temps, c'est être en contact avec « la totalité de nous-mêmes ».

En raison de notre perception en deux étapes, nous existons toujours en tant que deux êtres distincts, mais nous ne sommes généralement conscients que d'un seul. À travers l'acte de perception, notre être profond perçoit initialement le monde directement. Nous négligeons instantanément cette perception directe et faisons un pas de plus pour imposer nos pensées à l'énergie que nous venons d'appréhender. Le résultat de cette étape supplémentaire est la perception de notre *moi* normal dans notre monde. Nous ne prêtons attention qu'à ce produit secondaire de la perception.

Il se produit un laps de temps minuscule entre la perception directe initiale et la perception secondaire. Nous utilisons cet intervalle pour nier et oublier notre perception primaire et pour porter toute notre attention sur la perception secondaire à la place. Mais nous avons toujours un *moi* qui existe dans ce premier monde de la perception, même si nous le nions et l'ignorons.

Une fois que nous apprenons à effectuer les deux

étapes de la perception, qui nous sont enseignées dès le moment de la naissance, nos deux *moi* opèrent séparément. Le nouveau *moi*, le *moi* qui vit dans le monde réel, convenu, opère automatiquement le processus de perception tout au long de la vie.

« Le monde ne nous cède pas directement, la description du monde se dresse entre les deux. Donc, à proprement parler, nous sommes toujours un pas en retrait et notre expérience du monde est toujours un souvenir de l'expérience. Nous nous rappelons perpétuellement l'instant qui vient de se produire, qui vient de se terminer. Nous nous rappelons, nous rappeler, nous rappeler. »

Nous pouvons parler de ce processus de perception, et du double, et nos mots peuvent nous faire sentir que nous avons une certaine compréhension du sujet, ou du moins une façon de le circonscrire. Mais nous ne pouvons pas appréhender le double par le biais du langage. Parler et penser au double ne nous met pas en contact avec lui. « C'est l'inconvénient avec les mots. Ils nous font toujours nous sentir éclairés, mais quand nous nous retournons pour faire face au monde, ils nous font défaut et nous finissons toujours par affronter le monde comme nous l'avons toujours fait, sans éclairage. »

On peut rencontrer cet autre *moi* accidentellement, pour cause de maladie, de folie, d'amour, de guerre ou de choc extrême. Ou on peut le rencontrer de façon plus apaisée, bien que toujours de façon fortuite en rêvant. Dans les deux cas, notre réaction typique est de revenir rapidement dans notre monde de pensée, qui nie la mémoire du double ou l'interprète comme quelque chose d'autre.

Matus et don Genaro ont graduellement appris à Castaneda à rencontrer son autre *moi*, son double, en le rêvant. Ils l'ont ensuite guidé à la réalisation que c'est le double qui rêve le *moi* de la conscience normale. C'est le mystère du rêveur et du rêvé.

Le rêveur et le rêvé vivent presque simultanément, séparés par un minuscule lhapse de temps. Ils éprouvent les mêmes événements, mais les perçoivent différemment. La conscience du rêveur est beaucoup plus large et inclusive, bien qu'également plus désordonnée et indisciplinée. Le rêveur perçoit l'éternité, mais il ne peut en parler, ou parler de quoi que ce soit.

La conscience du *moi* rêvé est limitée, bornée, organisée et protégée. Le rêveur est conscient du rêvé, mais le rêvé a appris à ignorer et à nier le rêveur. Le rêveur expérimente tout immédiatement, tandis que le *moi* rêvé expérimente tout après un décalage temporel. Au cours de cet infime décalage temporel, il impose ses pensées et ses images, rendant les données brutes conformes à sa vision du monde.

Le *moi* rêvé recueille une sélection d'événements perçus au cours de sa vie et les rejoue encore et encore dans son esprit. Il nomme cela sa mémoire. Son histoire personnelle et son identité sont construites à partir de ces mémoires sélectionnées. L'essentiel de l'expérience est oublié, mais persiste dans des recoins cachés d'images niées et mal comprises. Le paradoxe de la mémoire veut que nos souvenirs du *moi* normal soient en réalité le déni de la mémoire. Se souvenir, dans un sens plus profond, revient à se souvenir de l'autre *moi*.

On nous enseigne dès la naissance à concentrer notre attention exclusivement sur le *moi* rêvé qui existe dans notre monde partagé dans lequel nous avons été propulsés. Nous partageons notre monde avec d'autres êtres qui appartiennent à notre ère, notre cohorte. Nous nous sommes mis d'accord avec eux sur ce qui est réel et sur ce qui ne l'est pas. Selon Matus, être réel implique d'avoir fait l'objet d'un accord. Cet accord n'est pas auto-déterminé ou arbitraire ; il nous est imposé par l'intention de l'univers, à ses propres fins que nous ne sommes pas en mesure de concevoir.

Notre vie normale consiste essentiellement en l'effort constant et captivant ayant pour but de maintenir, dynamiser, expliquer, comprendre et renouveler ce monde réel convenu. Nos actes, pensées et paroles sont pour l'essentiel engagés dans l'acte d'affirmer la réalité de notre monde qui nous a été enseigné depuis le premier jour.

Nous sommes en permanence dans le déni du double, qui est en réalité le rêveur qui nous rêve. A travers cette activité, nous accomplissons de la magie et de la sorcellerie. Nous nions ce qui est le plus fondamental chez nous et le remplaçons par la perception de quelque chose d'autre.

La personne rêvée a appris à ne pas tenir compte de son autre *moi* et de ses actes. Nous négligeons également notre négligence. Nous avons appris diverses manières habituelles de penser et de procéder à des activités répétitives et compulsives pour maintenir l'autre *moi* hors du champ la conscience. Nous négligeons ces efforts, de la même manière que nous négligeons les fonctions de notre corps autonome qui contrôlent la respiration, la digestion, la peur. Pour couronner le tout, nous apprenons non seulement à ignorer l'autre *moi* mais également à le nier activement, soi-disant pour simplifier notre passage dans la vie — pour faciliter la vie.

À moins que cela nous soit enseigné, nous ne sommes jamais conscients de notre double pendant la vie jusqu'au moment de la mort. Juste avant la mort, lorsque notre énergie défaillit et que nous ne parvenons plus à accomplir le processus de perception en deux étapes, nous perdons conscience de notre *moi* réel et retournons à notre double ; quel qu'en soit l'état après une vie de négligence. Les souvenirs stockés explosent ensuite dans la conscience, et nous les revivons un par un. Notre vie défile devant nos yeux.

*****

Pour le faire prendre conscience de sa double identité, don Juan et don Genaro déplacent continuellement Castaneda de son *moi* normal à son double. À partir de la position de leurs êtres lumineux, ils poussent le point d'assemblage sur son être lumineux. Castaneda ressent habituellement cela comme une tape dans le dos. Ils peinent souvent à le ramener à une conscience normale. Parfois, ils parviennent à le ramener grâce à autre coup sec aux épaules, mais souvent cela nécessite de lui jeter des seaux d'eau.

Les deux professeurs montrent aussi continuellement à Castaneda leurs propres doubles sans lui dire ce qu'ils font. Le double n'est pas un organisme comme nous qui doit respirer et manger. S'efforçant d'enseigner tout en s'amusant eux-mêmes également, ils le taquinent et le déroutent, le mettant au défi de se rendre compte qu'il est en présence d'un double qui n'a pas besoin d'effectuer des fonctions corporelles normales telles que déféquer.

Le premier jour que Castaneda passa avec don Genaro fut en fait avec le double de Genaro, et se termina par le prétendu voyage dans les buissons décrit plus tôt. Castaneda le consigna consciencieusement dans ses notes ce jour-là sans saisir la plaisanterie.

Un concept comme celui du double peut certainement être qualifié d'extravagant, même de bizarre, mais il n'est en réalité pas plus étrange que certains des préceptes acceptés de la physique moderne. La physique quantique avance un concept très étrange nommé superposition, à travers lequel un électron ou une autre particule peut se trouver à deux endroits simultanément. La superposition ressemble aussi bizarrement au double en ce qu'elle est pratiquement impossible à observer – lorsque vous observez les particules doubles, l'observation périclite et retourne à ce qui est normalement admis, où la particule existe seulement à un endroit. Selon Castaneda, le double en fait autant. Vous pouvez être double, mais seulement un à la fois.

*****

L'être lumineux total, qui contient à la fois le *moi*, le rêveur et le rêvé, possède huit points, qui peuvent être visualisés.

Les Huits Points

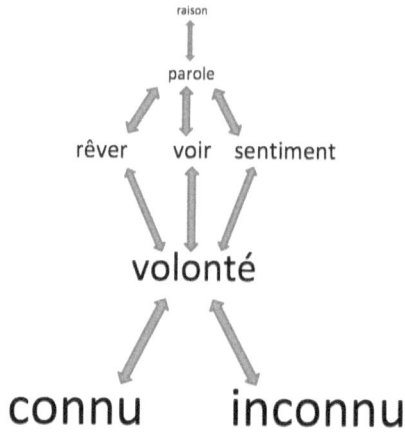

Ce diagramme a deux épicentres : *raison* et *volonté*. Même si *raison* domine notre époque, c'est de loin le plus petit point du diagramme, relié seulement à un autre point – *parole*. *Raison* est le plus petit point, et le plus isolé de notre être total. Nous vivons actuellement à une époque où *raison* constitue notre épicentre.

Parole fait référence à notre dialogue intérieur et extérieur continu par l'intermédiaire duquel nous imposons nos pensées et nos attentes acquises sur les données brutes de la perception. Quand *raison* se connecte à *parole*, nous appelons cela compréhension.

Nous n'utilisons que les deux plus petits points de la totalité de nous-mêmes : *raison* et *parole*. Normalement, dans notre vie, nous ne prenons même jamais conscience des six points restants. *Raison* et *parole* constituent le *moi* normal de notre époque dans l'histoire humaine.

Parole est liée à trois points plus importants : *rêver*, *voir* et *ressentir*. Ces trois concepts ont des significations plus larges qu'elles ne sont communément comprises. *Rêver* ne se résume pas simplement à quelque chose que l'on fait pendant le sommeil, mais également au mouvement du point d'assemblage avec son alignement de nouveaux filaments énergétiques ; que cela se fasse endormi ou éveillé. *Voir* est l'étape initiale de la perception, avant l'étape d'interprétation. Ce qui signifie voir par opposition à regarder. *Sentiment* fait référence au sentiment du double, qui interagit avec le monde en projetant des tentacules de filaments énergétiques vers l'extérieur.

Notez que ces trois points – *rêver*, *voir* et *sentiment* – ne touchent pas le point de *raison* ; *raison* ne peut pas se connecter directement avec ces trois points ou avec quoi que ce soit au-delà.

Raison est l'épicentre dominant de notre époque. Bien que le plus petit point de l'être lumineux humain, *raison* est néanmoins d'une certaine manière le héros de l'humanité moderne. La raison nous a sauvé d'une époque antérieure au cours de laquelle des puissances plus grandes et plus sombres dominaient la vie humaine. La raison a établi sa domination en utilisant le langage et la parole pour circonscrire et restreindre les significations des concepts *rêver*, *voir* et *sentiment*. *Rêver*, *voir* et *sentiment* sont des concepts remplis de vastes pouvoirs, et avaient plus d'importance à une époque antérieure de l'histoire humaine pendant laquelle ils dominaient, et où *raison* était à peine connue.

Rêver, *voir* et *sentiment* sont liés à un point beaucoup plus grand – *volonté*. *Volonté* se réfère à la capacité de l'être lumineux lui-même à agir, avec intention, dans son propre domaine où chaque être apparaît comme un conglomérat « cocon » de cordes d'énergie qui s'étendent à l'infini. *Volonté* agit avec ses tentacules, ses cordes brutes d'énergie consciente.

Du point de vue de la sorcellerie, et de la position de l'homme ancien, *volonté* était l'épicentre prédominant, et *raison* était mis de côté et ignorée. *Volonté* représente le point central qui organise l'être et les activités de l'autre *moi*, le rêveur. Le monde soutenu par *volonté* est le monde de l'autre *moi*, tout comme le monde soutenu par *raison* est le monde de notre *moi* normal.

Les deux derniers points sont le *connu* et l'*inconnu*. Ces points sont beaucoup plus grands que le total combiné de tous les autres points. En fait, pour inscrire le diagramme entier dans une perspective plus précise, si nous imaginions un stade de football, *raison* serait juste le manuel des règles dans la poche de l'arbitre, tandis que le *connu* serait le stade entier et, l'*inconnu*, le monde infini au-delà du stade.

Histoires de pouvoir raconte l'histoire des derniers jours de Castaneda avec don Juan Matus. À la fin du livre, Matus et son groupe de vieux sorciers ont disparu, et

Castaneda a sauté d'une falaise, avec les deux autres apprentis, Pablito et Nestor.

Pour planter le décor de ces événements, Castaneda expliquait les deux derniers des huit points sur le diagramme qui constituent la totalité de l'homme.

Il affirmait que la vie d'un être humain se compose de deux facettes, que Matus nomme « le tonal et le nagual ». On dit que ces deux mots proviennent du folklore américain antique ; il est difficile de trouver des mots anglais précis pour les remplacer. Une traduction approximative du tonal est « le connu » et, le nagual, « l'inconnu ».

Le *connu* est temporaire, débutant à la naissance et se terminant à la mort. L'*inconnu* est toujours là, éternel. L'*inconnu* est conscient de tout mais ne peut pas parler. Le *connu* peut parler mais possède une conscience contrôlée restreinte ; il peut indiquer la direction générale de l'*inconnu*, s'il est appelé à le faire, mais il n'est normalement pas conscient de l'existence de l'*inconnu*.

Le *connu* va encore plus loin et nie activement l'existence de l'*inconnu*. Matus prétend que « Le grand art du tonal est de supprimer toute apparition du nagual, à tel point que, même si sa présence devrait être la chose la plus naturelle au monde, on ne la remarque pas. » Nous sommes toujours entourés d'éternité, mais nous sommes occupés à penser à des choses plus importantes.

Le *connu* représente tout ce que nous savons, ou pensons que nous savons, et tout ce pourquoi nous avons un mot au cours de notre vie. Cela inclut nous-mêmes en tant que personnes, nos identités, et toutes les choses que nous identifions comme immanentes au monde, y compris Dieu, l'âme, le diable et tout concept auquel nous pouvons penser. Le *connu* établit ses propres règles à travers lesquelles il appréhende le monde et, par conséquent, crée et soutient son monde. Sans le *connu*, il n'y aurait pas de sens, de langage ou d'ordre dans nos perceptions. Il n'y aurait que le chaos.

Le *connu* de tout être sensible se conçoit mieux sous la forme d'une petite île suspendue dans un vaste univers qui est presque essentiellement composé de l'*inconnu*. L'*inconnu* peut se concevoir comme un univers entier de pouvoir et de conscience qui agit constamment et qui sait et dirige tout, mais ne peut rien dire ou encore comprendre qui il est et ce qu'il fait.

L'*inconnu* est tout ce qui existe en dehors de la petite île du connu. L'*inconnu* est inimaginablement immense. Lorsque Matus enseigna ses apprentis à ce sujet, ils transportèrent une petite table au cours d'une randonnée de quatre heures dans le désert. Ils trouvèrent une vallée et placèrent la table sur le sol, avec des ustensiles de cuisine sur le dessus. Ils effectuèrent ensuite une randonnée de deux heures jusqu'au sommet d'une montagne voisine et observèrent la table d'en haut. Il leur dit que la surface de la table à peine visible représentait le *connu*, les ustensiles étant quant à eux des éléments de notre compréhension. Puis, il agita les bras, en déclarant que tout le reste était l'*inconnu*.

L'*inconnu* ne peut être décrit par des mots. Si quelque chose peut être décrit, il appartient alors au *connu*. Les effets de l'*inconnu* peuvent être observés mais pas expliqués. Vous ne pouvez qu'indiquer sa direction. Matus affirme qu'il est possible d'entrer dans l'*inconnu* et d'observer, voire même d'utiliser son pouvoir, mais bien que des expériences dans l'*inconnu* peuvent se produire et se produisent bel et bien, elles ne peuvent pas nécessairement être décrites ou analysées ; la plupart du temps, on ne s'en souvient même pas.

Notre identité, notre personnalité, se trouve dans la partie connue de nous-mêmes. Quand le *connu* prend conscience qu'il parle de lui-même, il invente des mots comme « je » et « moi ». Dans l'*inconnu*, nous n'avons pas d'identité ; nous n'avons que pouvoir et répercussion.

Quand nous naissons, et pendant une courte période qui s'ensuit, nous sommes tous inconnus. Nous sommes confrontés à un monde opérationnel que nous devons apprendre à partager et à participer. Notre *connu* commence à se développer à travers un effort monumental total. Nous ne pouvons pas nous souvenir de cet effort parce que c'est arrivé avant que nous ayons développé notre langage, notre identité et notre mémoire.

L'importance du *connu* est tellement immersive que nous finissons par nous y investir complètement et oublions ce qui s'est produit auparavant. Nous conservons un vague sentiment de notre autre *moi*, et nous commençons alors à établir des paires dans notre pensée. Nous pensons à l'esprit et au corps, à la matière et à l'énergie, à Dieu et au Diable, mais ce sont tous des concepts singuliers qui font partie du *connu*. Ce sont toutes des choses qui sont connues d'une façon ou d'une autre, des choses qui ont des mots qui leur sont attachés. Ils ne comprennent pas la dualité réelle dont se compose notre être complet, à savoir le *connu* et l'*inconnu*.

L'*inconnu* peut faire surface dans nos vies mais seulement par inadvertance. Nous ne pouvons pas consciemment nous organiser pour le rencontrer. Cependant, l'*inconnu* peut surgir et lorsque c'est le cas, le *connu* peut devenir conscient de la totalité de soi-même. Généralement, cela ne se produit qu'au moment de la mort.

Dans *Histoires de pouvoir*, Castaneda racontait comment Matus lui avait enseigné le *connu* et l'*inconnu*, et comment le *connu* régit nos vies bien qu'il soit faible par rapport à notre autre facette, l'*inconnu*. En raison de sa relative faiblesse, le *connu* doit être astucieux et ingénieux pour maintenir l'illusion que l'*inconnu* n'existe pas. Si l'*inconnu* émerge, le *connu* devient vulnérable.

Guère plus qu'un bref aperçu de l'*inconnu* s'avère mortel pour le *connu* et, par conséquent, pour la totalité de soi-même. Quand l'*inconnu* émerge, c'est comme un « chien méchant ». À plusieurs reprises, Matus jeta des seaux d'eau sur Castaneda pour « remettre son nagual en place à 'coup de fouet'. Le tonal doit être protégé à tout prix. La couronne doit lui être retirée, mais il doit subsister en tant que superviseur protégé. »

L'*inconnu* ne peut émerger en toute sécurité que s'il est utilisé pour alimenter le *connu*. Lorsqu'on y parvient, on appelle cela le pouvoir personnel. Sans un entraînement long et minutieux, toute rencontre avec l'*inconnu* aboutit à un « déséquilibre » du *connu*, créant un choc fatal. Sans entraînement préalable, le *connu* préfère mourir plutôt que de renoncer à son contrôle.

Entraîner le *connu* consiste à en retirer tous les objets inutiles – « nettoyer l'île du tonal ». Toutes les habitudes, pensées, croyances, et surtout les souvenirs de relations, qui empêcheraient le *connu* de survivre à une rencontre avec l'*inconnu*, doivent être récupérés et libérés. Un nouveau dialogue intérieur doit être développé pour permettre la prise de conscience à la fois du *connu* et de l'*inconnu*.

Histoire de pouvoir se conclut par l'acte charnière sur lequel tous les écrits de Castaneda se sont articulés. En 1973, Castaneda, accompagné de Pablito et Nestor, suivit Matus et son groupe de sorciers sur un haut plateau dans les montagnes du Mexique. Au bord du plateau se trouvait une falaise abrupte. Ce plateau et cette falaise appartenait à l'histoire et au folklore de la tradition de sorcellerie de Matus. Tout au long de l'histoire, de nombreux groupes de sorciers et guerriers aguerris étaient venus là pour leur ultime et dernière réunion. À la fin de leur entraînement, les apprentis se jetaient de la falaise. Castaneda en fit de même à la fin d'*Histoires de pouvoir*.

Les événements sur le plateau marquèrent l'apparition finale de don Juan et don Genaro, et la fin de l'apprentissage de Castaneda. Bien sûr, nous savons que l'auteur a survécu puisqu'il a raconté cette histoire et bien d'autres dans des livres ultérieurs.

Avant le saut, Castaneda reçut « l'explication des sorciers », qui expliquait comment cet acte pouvait être accompli ; comment une personne pouvait sauter d'une falaise et survivre.

Selon cette explication, lorsque nous sommes dans l'*inconnu* pur, nous sommes composés d'un groupe de « sentiments, êtres et *mois* » qui existent et « flottent » dans l'*inconnu* « tel des barques, pacifiques, inaltérées, pour toujours ».

L'explication de Matus se poursuivit :

'C'est alors que la colle de la vie lie certains d'entre eux ensemble... Lorsque la colle de la vie lie ces sentiments ensemble, un être est créé, un être qui perd le sens de sa vraie nature et devient aveuglé par l'éclat et la clameur de la zone où

planent les êtres, le tonal. Le tonal est le lieu où toute l'organisation unifiée existe. Un être apparaît dans le tonal dès que la force vitale a relié tous les sentiments nécessaires... le tonal commence à la naissance et termine à la mort... dès que la force vitale quitte le corps, toutes ces prises de conscience se désintègrent et retournent d'où elles sont venues, le nagual... à la mort, elles s'enfoncent profondément et se déplacent de manière autonome comme si elles n'avaient jamais constitué une unité. »

Il y a un principe en physique qui stipule que la matière ne peut pas être créée ou détruite. De la même manière, l'univers de Castaneda est composé d'unités de *mois* et de sentiments, qui sont éternels. Lorsque ces unités se trouvent dans l'*inconnu*, elles flottent séparément. Pour émerger dans le *connu*, elles sont réunies en groupes par la force vitale. Quand l'être meurt, les unités se séparent à nouveau et retournent flotter dans l'*inconnu*.

Quand Castaneda se jeta de la falaise, il le fit comme un guerrier entraîné qui avait été préparé à s'aventurer intentionnellement dans l'*inconnu*. Entrer ainsi dans l'*inconnu* revenait à mourir, sauf que les unités individuelles ne faisaient que se développer « sans perdre leur unité ». Un guerrier entraîné pouvait ensuite réintégrer ses composants sous quelque forme qu'il eut connue à n'importe quel endroit de son choix.

Ce moment charnière de l'apprentissage de Castaneda – le saut de la falaise – provoqua un conflit inévitable et définitif entre sa raison et la totalité de lui-même. Matus souligna que l'explication des sorciers « semble inoffensive et charmante, mais ... elle délivre un coup que personne ne peut parer ».

Se jeter de la falaise n'était pas la conclusion de l'apprentissage de Castaneda. C'était la fin de sa période avec ses professeurs, qui dura 13 ans. Mais la majeure partie de son apprentissage jusque-là avait eu lieu dans l'*inconnu,* et il n'était pas en mesure de s'en souvenir dans son état de conscience normale. La dernière tâche consistant à se souvenir et à intégrer tout ce qu'il avait appris commença alors, ce qui prit une autre décennie et plus encore.

7

RETROUVER L'AUTRE MOI

Le cinquième livre, *Le Second Anneau de pouvoir*, occupe une position cruciale dans la série, et se différencie des autres. Il se contente de présenter un récit simple d'une série d'événements dans l'ordre chronologique. Castaneda retourna au Mexique environ 18 mois après s'être jeté de la falaise. Il passa plusieurs semaines à rendre visite au groupe de condisciple qui l'avaient accompagné lors de ses premières années avec Matus et Genaro. Tous les autres livres de Castaneda sont classés en chapitres par thèmes ; des épisodes copiés et collés d'événements largement séparés dans le temps et dans l'espace, faisant usage des conversations et des récits partiels provenant de différents événements isolés.

Le saut de Castaneda de la falaise à la fin de *Contes de pouvoir* aurait dû être le point culminant de son apprentissage. Il avait suivi le programme de Matus jusqu'à son terme et avait ensuite accompli l'acte ultime. Mais ce n'était pas la fin. Curieusement, Il survécut à la chute et écrivit *Contes de pouvoir*. Mais il reprit ensuite sa vie ordinaire. Sa raison et son bon sens s'imposèrent de nouveau à lui. Il se posa alors la question de savoir ce qui lui était arrivé, si tant est qu'il lui soit arrivé quelque chose.

Cette dernière rencontre avec Matus à la falaise eu lieu en 1973. *Contes de pouvoir* fut publié un an plus tard. Comment Castaneda survécut et retourna à Los Angeles demeura un mystère. La raison devait être vaincue pour qu'il survive, mais une description détaillée de ce qui advint après le saut de la falaise ne fut dévoilée que dans son dernier livre, *Le Voyage définitif*, soit 25 ans plus tard.

À la falaise, en 1973, don Juan pria Castaneda de faire ses derniers adieux à tous les autres participants. Il était entendu que don Juan et don Genaro quitteraient la terre, d'une manière ou d'une autre, au moment même où Castaneda sauterait, pour ne jamais revenir. On ne savait pas trop ce qui arriverait à Castaneda après le saut. Ses pouvoirs personnels devaient déterminer s'il survivrait ; dès lors, le choix lui appartenait de revenir ou non.

Le bon sens de Castaneda refit surface à l'époque où il était à Los Angeles. Quand il retourna au Mexique, il était de nouveau en pleine possession de sa raison. Son but était de questionner Pablito et Nestor sur les événements du plateau, et surtout de leur demander si les événements s'étaient réellement produits ou si tout cela n'était qu'un rêve ou une hallucination. Il se rappelait que Pablito et Nestor l'avaient accompagné jusqu'à la falaise et avaient sauté avec lui, mais il n'était désormais plus sûr de ce qui s'était passé là-bas.

En arrivant au Mexique, soit en 1974, soit en 1975, Castaneda fut surpris de découvrir qu'il y avait un groupe d'apprentis beaucoup plus important qu'il ne l'avait imaginé auparavant. Pablito et Nestor n'étaient pas les seuls à attendre le retour de Castaneda, il y avait également un autre homme et un groupe de cinq femmes. Tous avaient été des disciples de Juan Matus et de Genaro Flores avec Castaneda. Ils attendaient anxieusement le retour de Castaneda au Mexique afin qu'ils puissent continuer et parachever leur apprentissage mutuel, dans le but d'améliorer ensemble leurs compétences au sein d'un groupe de sorcellerie traditionnelle. Ils étaient également prêts à accomplir des tâches spécifiques et des tests que Matus avait laissé pour eux. Lorsque Castaneda arriva, il rencontra immédiatement dona Soledad, qu'il connaissait comme la mère de Pablito (comme décrit dans le premier chapitre).

Dans ses livres précédents, Castaneda mentionnait effectivement un groupe de femmes, mais croyait à tort qu'elles étaient des passantes ou des membres de la famille. Elles faisaient, en fait, partie d'un cercle d'étudiants réunis par don Juan pour accompagner Castaneda, Pablito et Nestor. Les interactions entre elles et lui avaient été très limitées et contrôlées. Elles s'étaient entendues avec don Juan et don Genaro pour tenir secrète leur participation à l'apprentissage de Castaneda. Matus avait caché à Castaneda le fait qu'elles faisaient partie de cet apprentissage collectif.

Nous apprenions à présent que Matus avait « fait », c'est-à-dire découvert et désigné, deux apprentis masculins (Castaneda et Eligio) et cinq apprenties (Lidia, Josefina, Elena, Rosa et Soledad). Les femmes vivaient avec Pablito et se faisaient passer pour ses sœurs. Don Genaro avait fait quant à lui trois apprentis masculins : Pablito, Nestor et Benigno.

Il s'agit de la première de plusieurs réinterprétations des événements fondateurs qui eurent lieu pendant que Castaneda et Matus étaient ensemble entre 1960 et 1973. Nous pouvons approcher cela de plusieurs façons. Il pourrait simplement s'agir d'une tentative hollywoodienne de créer une suite. L'éditeur et l'auteur décidèrent peut-être de trouver un moyen de produire plus de livres, même si l'histoire était terminée ; de continuer à revisiter les mêmes événements, mais d'ajouter des éléments qui avaient été ignorés la première fois. Cela pourrait indiquer une stratégie littéraire visant à introduire de nouveaux confidents dont les informations et les mémoires éclairent des faits et des perspectives auxquels on n'avait pas prêté attention auparavant.

Ou, troisièmement, il pourrait s'agir d'introduire une hypothèse sur la mémoire elle-même, une hypothèse permettant de remonter dans la mémoire et de découvrir des choses apparemment inconnues qui se sont réellement produites. Des événements ayant été conservés dans la mémoire, bien qu'il n'aient pas été enregistrés comme des événements perçus au moment des faits.

C'est l'intention de Castaneda : redéfinir la façon dont nous percevons et nous souvenons des événements vécus. En raison de la double nature de notre conscience, nous sélectionnons certaines parties de l'expérience dont nous devons avoir conscience et nous souvenir consciemment. Tous les autres aspects de notre expérience sont ignorés et oubliés. Ces éléments oubliés restent stockés quelque part dans notre être lumineux, et peuvent être récupérés plus tard.

Chaque nouveau livre introduit désormais de nouveaux personnages ou événements de la période d'apprentissage 1960-1973. Si la théorie de la mémoire de Castaneda s'avère exacte, il est possible que nos êtres lumineux contiennent des souvenirs d'événements et de personnes qui ont été ignorés et oubliés lors de l'expérience originale, mais emmagasinés quelque part de sorte à s'en souvenir plus tard. Les événements qui ne sont pas désignés comme réels sont supprimés sur le moment, mais restent stockés sous forme de souvenirs profonds pouvant refaire surface. L'accumulation totale de ces souvenirs profonds peut se révéler plus vaste que la somme de tout ce que nous considérons être les vrais souvenirs de nos vies.

Castaneda retourna au Mexique pour chercher des explications sur don Juan et don Genaro, et pour confirmer ce qui lui était arrivé. Au lieu de cela, il se retrouva plongé dans une lutte de sorcellerie primitive pour le pouvoir parmi les apprentis. À son arrivée au Mexique, il se trouva rapidement dans un combat mortel avec dona Soledad (comme décrit dans le premier chapitre). Avant de réaliser dans quoi il avait mis les pieds, elle avait son bandeau autour de son cou et l'étranglait. Castaneda ressentit un frisson alors qu'une partie de lui-même s'élevait au-dessus de la scène. Il assista à son propre assassinat, apparemment d'une position distincte. Dans un accès de colère, cette partie distincte de lui-même claqua dona Soledad sur le front, l'obligeant à libérer son corps de son emprise mortelle. Une partie spectrale d'elle s'envola et se blottit dans un coin de la pièce « comme un enfant apeuré ».

Matus avait préparé et dirigé les autres apprentis à traquer et à tuer Castaneda, soi-disant pour dérober son pouvoir. Castaneda leur avait demandé de le faire, mais il avait oublié. Plusieurs années auparavant, alors qu'il était dans un état de conscience accrue, Castaneda déplora le fait qu'il savait qu'il reviendrait à une conscience normale et qu'il oublierait l'existence même de sa nouvelle conscience. Il demanda à don Juan et aux autres apprentis de le tuer plutôt que de le laisser dans l'ignorance si cela se produisait. Ils prêtèrent serment de le faire, ce que Castaneda avait oublié.

Matus savait que Castaneda retournerait au Mexique en pleine possession de sa raison, ce qui signifiait que ses gains de connaissance en sorcellerie lui seraient perdus. Conformément à la demande de Castaneda, Matus ordonna et prépara les autres apprentis à le défier, tout en sachant que les gains permanents en matière de conscience ne se font qu'au prix de défis pouvant entraîner la mort.

Le test pour Castaneda était de savoir si sa raison l'emporterait. Si c'était le cas, il refuserait le défi et serait vaincu et mourrait. Si sa raison renonçait au contrôle, ses pouvoirs de sorcellerie pourraient alors être libérés pour le protéger, entérinant et permettant ainsi à son entraînement de sorcellerie de passer à l'étape suivante.

Castaneda passa les tests, les uns après les autres ; son pouvoir émergea et il survécut, blessant gravement les autres apprentis. Il guérit ensuite leurs blessures, ce qui confirma aux autres sa position de chef. Conformément aux instructions que Matus leur avait données, ils eurent pour mission de s'aider mutuellement à chercher le pouvoir et la connaissance nécessaires pour entrer dans « l'autre monde » où Matus et Genaro étaient partis. Ils avaient besoin et comptaient sur le leadership de Castaneda.

*****

Lorsque Juan Matus rencontra Castaneda pour la première fois et le désigna comme son successeur pour transmettre ses connaissances, il réunit également ce groupe de cinq femmes et trois hommes pour le rejoindre et le soutenir. L'évolution d'un sorcier est trop ardue et dangereuse pour être réalisée seule. Tout comme Castaneda avait son histoire singulière sur sa première rencontre avec Juan Matus, tous les autres apprentis sorciers avaient des histoires fascinantes sur leurs premières rencontres avec le monde des sorciers, et les transitions de leurs vies antérieures.

Les cinq femmes étaient connues comme les « petites sœurs ». Matus avait trouvé Lidia et Josefina alors qu'il visitait de petits villages dans les montagnes. Lidia avait été abandonnée dans une grange, extrêmement malade. Genaro l'emmena chez lui et s'occupa d'elle. Matus avait trouvé Josefina alors qu'il visitait un guérisseur. On la connaissait comme une folle qui ne faisait que pleurer tout le temps, et sa famille fut heureuse de la laisser avec don Juan quand il offrit de la guérir. Rosa était tombée par hasard sur Matus alors qu'elle poursuivait un cochon sur une route de campagne, et commença par lui crier dessus. Les sorciers ne sont pas censés rencontrer des gens de façon fortuite, et Matus considéra donc leur rencontre comme un présage. Il lui avait à son tour crié dessus et l'avait mise au défi de tout laisser tomber et de le rejoindre lorsqu'il quitterait la région à midi ce jour-là, ce qu'elle fit.

Elena avait deux filles et un mari violent, et elle était devenue obèse. Un autre homme l'avait emmenée dans une autre ville, l'avait mise enceinte à nouveau et l'avait forcé à mendier dans la rue avec un bébé malade dans les bras. Quand elle s'enfuit et repartit à la recherche de ses deux filles, la famille de son premier mari la lapida et la laissa pour morte. Elle avait rencontré Pablito en faisant de l'auto-stop, et il l'avait emmenée travailler dans son entreprise de blanchisserie, où Matus l'avait trouvée. Ils la renommèrent La Gorda - la grosse fille.

Dona Soledad n'était pas un membre du groupe au sens strict. On la connaissait initialement sous le nom de Manuelita, et elle se faisait passer pour la mère de Pablito. Comme la sorcellerie était taboue au Mexique à l'époque, et donc dangereuse, les apprentis devaient faire preuve des ruses élaborées pour dissimuler ce qu'ils faisaient. C'est pourquoi ils vivaient ensemble dans une maison, se faisant passer pour une famille. Ils jouaient leurs rôles avec beaucoup de ferveur, car il s'agissait également d'une discipline de sorciers, appelée « traque », qui sera décrite plus tard.

Selon Matus, les femmes font de meilleurs sorciers que les hommes. Les femmes trouvent beaucoup plus facile de disparaître de leurs vies antérieures, car dans les sociétés traditionnelles, leurs familles ne dépendent pas d'elles pour perpétuer le nom de famille ou une activité commerciale. Elles peuvent souvent disparaître facilement, contrairement aux hommes dont la famille ne les laisse généralement pas partir comme ça.

Selon Pablito, toutes les femmes du groupe de Castaneda étaient dans une situation désespérée lorsqu'elles rencontrèrent Matus. Les apprentis masculins, prétendait-il, « les Genaros », vivaient une vie normale, « belle, vivante et heureuse ».

Alors qu'il travaillait sur un marché, Pablito était

tombé amoureux d'une fille qui travaillait près de lui. Il construisit à sa famille un stand de marchand avec un espace caché où les deux amants pouvaient se cacher et faire l'amour. Genaro et Matus voyaient la table trembler tous les jours et le débusquèrent. Lorsque Pablito réalisa à quel point Don Juan était fort, il l'embaucha comme ouvrier et Matus joua le jeu. Par la suite, Genaro lui fit savoir que la force de Matus était dût à une potion secrète qu'il pouvait concocter, et parvint à convaincre Pablito de monter une affaire avec lui.

Benigno était l'un des cinq jeunes hommes que Castaneda et Matus avaient rencontré dans le désert lors d'une de leurs marches. Eligio vivait à proximité et connaissait Matus depuis son enfance. Quand il entendit parler de l'apprenti américain (Castaneda), il se rendit à la maison de Matus pour le rencontrer le jour où Matus prévoyait de donner du peyotl à son petit-fils. Au lieu de son petit-fils, c'est Eligio que Matus persuada. Eligio sut établir un lien instantané avec le monde des sorciers, et n'était par conséquent pas considéré comme un apprenti durant l'entraînement. Nestor était un guérisseur qui achetait des herbes à Don Genaro. Alors qu'il traquait Genaro dans les collines, en essayant de découvrir la source de son fournisseur, Il fut frappé par la foudre et dut être guéri par Genaro.

*****

Les huit apprentis, désormais considérés comme les cohortes de Castaneda, organisèrent une série de rencontres pour exhiber leurs pouvoirs respectifs. Ils espéraient créer un groupement traditionnel de sorciers.

Les femmes accomplirent une série d'actions à travers lesquelles elles devinrent de véritables boules d'énergie.

Elles saisirent des lignes d'énergie et les utilisèrent pour sauter ou voler, ou derrière lesquelles se cacher. Castaneda observa, mais comme avec Genaro Flores sur la cascade, il ne put que percevoir leurs images humaines en train d'accomplir des exploits acrobatiques inouïs. Sa raison continuait de s'affirmer et de l'empêcher de voir.

C'était frustrant pour le groupe de jeunes apprentis. Castaneda était censé être leur leader sans pareil, mais il continuait de se comporter comme un débutant voire, pire, un étranger. Après une longue lutte, ils acceptèrent à contrecœur ses limites. Bien que ses pouvoirs pussent émerger à l'occasion d'une lutte pour la vie ou la mort, il ne pouvait pas soutenir sa capacité à voir, et il fut donc évident qu'il ne pouvait pas diriger leur groupe. Cela signifiait qu'ils ne pouvaient pas progresser plus loin dans leurs quêtes, et que leur formation antérieure était inutile.

Finalement, lors d'une confrontation dramatique, ils pardonnèrent à Castaneda et mirent de côté leurs attentes. À cet instant, les oreilles de Castaneda surgirent soudainement. Il se souvint des événements dont il avait été témoin plus tôt. Dans ce nouveau souvenir, il vit les boules et les lignes d'énergie pures auxquelles les femmes avaient eu recours pour exécuter leur magie. Il put voir, plutôt que de regarder, pour la première fois.

La lutte de Castaneda révéla le paradoxe central de la perception. Dans le processus en deux étapes que constitue la perception, par lequel nous nous rappelons constamment, nous disposons de deux ensembles distincts de données perçues, mais nous choisissons de n'en voir qu'un seul.

Comme le disait Castaneda, il était « trop paresseux

pour se souvenir de ce que j'avais vu ; et je me préoccupais donc seulement de ce que j'avais regardé... Il est difficile de croire que je me souvienne à présent de quelque chose dont je ne me souvenais plus du tout il y a un instant. »

Il conclut que chacun d'entre nous regarde et voit en même temps, mais que « nous choisissons de ne pas nous souvenir de ce que nous voyons ». Dans le processus de perception en deux étapes, nous voyons toujours en premier, mais nous ignorons immédiatement ce que nous voyons pour nous concentrer uniquement sur ce que nous regardons à la place. Cet acte de perception est « le noyau de notre être ».

En grandissant, nous développons notre attention. L'attention est la capacité de « tenir les images du monde ». Une fois que nous sommes à même de percevoir le monde convenu et de le maintenir en place, notre perception devient un processus en deux étapes qui se répète constamment et qui produit toujours le même être dans le même monde.

La première étape est l'acte brut de perception, à travers lequel le cocon de l'énergie consciente interagit avec d'autres énergies conscientes. La deuxième étape est notre capacité magique à mettre de côté la perception primaire, puis à superposer les images familières de notre monde normal à notre regard. Nous percevons toujours les images convenues de notre monde réel ; le monde sur lequel nous nous mettons d'accord est vrai. Nous procédons ainsi avec d'autres personnes à qui l'on a enseigné la même chose. Nous nions tous avec force qu'une telle chose puisse même être possible.

Quand un point d'assemblage se fixe dans une position à l'intérieur du cocon et aligne l'énergie qui le traverse, le résultat est un rêve. Nous sommes tous des rêveurs qui rêvent ensemble. C'est l'acte de base pour tous les êtres sensibles, cet acte de magie. Chaque espèce et type d'être procèdent ainsi. Nous naissons des *perceveurs*, surgissant dans un lieu particulier, mais capables de percevoir de nombreux mondes. Nous apprenons à percevoir un monde exclusivement, intensément et aussi complètement que possible. Pour tenir les images du monde convenu, nous y pensons et en parlons encore et encore, élargissant et approfondissant notre compréhension de notre monde projeté, et appelons cela « intelligence ».

La conscience exclusive du monde ordinaire est d'abord réalisée dans l'enfance, peu de temps après la naissance. Nous maintenons la régularité de notre concentration tout au long de la vie à travers un effort constant. Nous ne sommes normalement pas conscients de cet effort qui maintient notre monde assemblé, tout comme nous ne sommes pas conscients du système nerveux autonome qui maintient notre corps en état de fonctionnement.

Nous participons et nous enchevêtrons avec le monde convenu par le biais du langage, des images et des symboles. Grâce à eux, nous produisons un flux constant de dialogue intérieur et extérieur, par l'intermédiaire duquel nous maintenons et réactualisons continuellement notre conscience du monde. Ce maintien conscient et subconscient de notre attention monopolise notre énergie, ne laissant plus rien.

Une autre façon de décrire ce processus est de considérer qu'il y a deux types d'attention. La « première attention » représente notre conscience du monde réel convenu. À la naissance, nous n'avions pas cette attention. Elle a dû être développée. Nous avons appris très tôt dans la vie comment s'accrocher aux images du monde réel convenu, et une fois impliqués, on nous a appris à ne jamais le remettre en question. Nous nous sommes nous-mêmes accrochés à l'« anneau de pouvoir » qui nous a impliqués pleinement dans ce monde. Toute notre énergie et l'entière conscience de nous-même ont été assignées à cet anneau de pouvoir.

La première attention prête attention au connu. La « deuxième attention » est l'attention de l'inconnu, que nous maintenons hors de la conscience. Juste avant le moment de la mort, la perte d'énergie vitale entraîne l'interruption de ce processus de perception en deux étapes. La seconde attention émerge alors, avec tous les souvenirs cachés qu'elle contient, et un univers inexplicable se révèle.

Il existe un moyen de parvenir à la seconde attention durant la vie en utilisant les trois processus intermédiaires du diagramme en huit points : *rêver*, *voir* et *sentiment*.

Tout comme il n'y avait pas d'étapes standard pour parvenir à la première attention durant l'enfance, il n'y en a pas non plus pour la deuxième attention. Cela doit s'accomplir avec un effort total, né d'une intention claire et persistante d'y parvenir. Cela doit être une question de vie ou de mort, et c'est la raison pour laquelle Matus fit en sorte que les apprentis tuent Castaneda. Sans l'impulsion d'une situation de vie ou de mort, les humains n'atteindront pas la seconde attention.

8

RÊVER ENSEMBLE

Etant donné qu'il s'agit d'une série de livres, Castaneda se présentait de nouveau au début de chaque épisode successif, pour réexaminer le contenu des ouvrages précédents, pour rappeler au lecteur assidu où il s'était arrêté et pour mettre les nouveaux lecteurs à jour. Il utilisait aussi ces ré-introductions pour expliquer comment sa compréhension des enseignements de Matus avait évolué avec le temps.

Dans le prologue de son sixième livre, *Le Don de l'Aigle*, publié pour la première fois en 1981, Castaneda redéfinissait certains termes de Matus. Il expliquait qu'il avait débuté sa relation avec Matus en tant qu'anthropologue étudiant les différents usages des plantes psychédéliques. Après cela, sa compréhension avait changé, et il avait considéré que ce qui lui était enseigné relevait de la sorcellerie. Mais il avait fini par apprendre que Matus et Genaro n'étaient pas réellement des sorciers ; ils étaient des « praticiens d'une connaissance ancienne » qui était liée à la sorcellerie, mais qui ne s'apparentait plus à celle pratiquée par le passé. Castaneda passa du statut d'intellectuel ayant étudié des phénomènes anthropologiques à celui de protagoniste. À ce stade, comme le reflètent ses livres, son travail s'est « transformé en autobiographie ». Il assurait le lecteur que ses aventures ne relevaient pas de la « fiction » ; elles nous semblent irréelles parce qu'elles nous sont étrangères.

*****

Le livre précédent, *Le Second Anneau de pouvoir*, décrivait comment Castaneda avait été forcé de passer de la première attention à la deuxième attention à travers des luttes de vie ou de mort. *Le Don de l'Aigle* raconte l'étape suivante : passer de la première à la seconde attention sans l'impulsion d'une rencontre mortelle. Ce livre décrit des techniques pour passer intentionnellement de la première attention à la seconde, une fois qu'un engagement est pris dans ce sens.

La division de la conscience humaine en première et seconde attention n'est en rien une aberration ou de la corruption. Cela reflète la division de la conscience dans l'univers. Un appariement fondamental de contraires existe partout, comme le *tonal* et le *nagual*, le *connu* et *l'inconnu*.

Le connu humain est composé de tout ce que nous considérons comme faisant partie de notre vie, de tout ce dont nous nous souvenons et de tout ce que notre intellect peut concevoir. Il est défini par nos sens et notre langage, et régit principalement par la raison. La conscience du connu est appelée la « première attention » ; une autre appellation est la « conscience du côté droit ».

Même si la conscience de l'inconnu est primaire dans le sens où elle était avec nous à la naissance, elle est appelée la deuxième attention car elle a été apprise après que nous soyons devenus compétents avec la première attention. La deuxième attention est également connue sous le nom de « conscience du côté gauche ». La conscience du côté gauche est la conscience de l'inconnu quand nous rencontrons le vaste océan de conscience. C'est « un domaine de caractéristiques indescriptibles : un domaine impossible à contenir avec des mots ». Dans l'inconnu, nous percevons avec tout notre être. L'inconnu n'est pas contraint par la raison. Il va au-delà du langage et ne peut être décrit avec des mots.

La raison et le langage ne comprennent qu'une infime partie de la totalité de nous-mêmes. Dans l'autre partie, beaucoup plus vaste, une autre sorte de connaissance existe sans raison ni langage.

La conscience du côté gauche est au courant du côté droit, mais le côté droit, où nous passons normalement nos vies, n'est généralement pas conscient du côté gauche. Si nous sommes toujours du côté gauche, tout ce qui nous arrive est oublié quand nous revenons du côté droit. Comme une personne ivre le lendemain d'une cuite, ou un patient en hypnothérapie ou sous anesthésie, il peut y avoir des événements qui se sont produits et des périodes de temps sur lesquels un rideau a été tiré. Les images et les données sont absentes de la mémoire, ce qui peut nécessiter un énorme effort de remémoration. Il est généralement impossible de s'en souvenir à moins que quelqu'un d'autre n'ait été présent avec nous et puisse par la suite nous aider à réactiver notre mémoire, ou quelqu'un peut nous aider à nous en rapprocher suffisamment, par déduction, de manière à ce que les détails connexes soient là pour faire émerger les souvenirs.

Dans un certain sens, la mémoire est vraiment le sujet principal de l'ensemble de l'œuvre de Castaneda. La mémoire, pas les hallucinogènes, est la clé des autres états de conscience. Mais la mémoire n'est pas ce que nous l'imaginons être. Notre mémoire normale s'apparente plus à un déni de mémoire ; ce n'est qu'un petit rappel sélectif de quelques éléments que notre rationalité et notre identité ont choisi en guise de drapeau autour duquel se rallier. Un vaste réservoir existe au-delà de celui où se trouve les souvenirs de l'autre moi, dans la seconde attention. Le corps lumineux stocke les souvenirs à partir du moment de la naissance ; ils font partie de l'autre moi, inacceptable pour la première attention et pour le moi normal.

La seconde attention, aussi appelée l'autre moi, le côté gauche ou l'inconnu, est consciente de la première attention, qui est le moi normal, le côté droit ou le connu. Mais la première attention, le côté droit, n'est pas consciente du côté gauche. La tâche pour nous consiste à faire en sorte que la première attention accepte l'existence de la seconde, pour se souvenir de la totalité de soi-même.

La conscience est inégalement divisée en trois parties. La plus petite est la première attention, le monde connu et le corps physique, et l'attention quotidienne nécessaire pour faire face à la vie normale.

La seconde attention est un domaine beaucoup plus vaste. Elle reste à l'arrière-plan pendant la majorité de notre vie, ne faisant surface que par un traumatisme, une intervention médicale ou chimique ou un entraînement délibéré. La seconde attention se révèle à la mort pour nous tous, quand la première attention n'a plus l'énergie pour s'affirmer. La seconde attention englobe toutes nos perceptions refoulées et souvenirs stockés, ainsi que la conscience et le souvenir de nous-mêmes et des autres comme des cocons lumineux.

Notre vie dans la première attention est composée de défis qui sont destinés à nous conduire à la deuxième attention. La deuxième attention constitue le champ de bataille qui mène à la plus grande et dernière attention, la troisième. La troisième attention n'est pas décrite dans les travaux de Castaneda ; selon Matus, c'est là où lui et Genaro se rendirent à l'instant même où Castaneda sauta de la falaise.

*****

Le récit du livre précédent se poursuivait dans *Le Don de l'aigle*. Castaneda et les huit autres apprentis continuèrent à s'affronter dans une lutte pour le pouvoir. Les autres s'attendaient à ce que Castaneda agisse comme leur chef, mais réalisèrent progressivement, alors qu'il les avait déçus à plusieurs reprises, qu'il était sur une trajectoire différente. Chaque fois qu'ils s'affrontèrent avec leurs pouvoirs respectifs, Castaneda trouva la force de protéger sa propre vie en les blessant. Graduellement, ses efforts menèrent l'ensemble du groupe vers une maison dans une autre ville du centre du Mexique où ils furent tous confrontés à des souvenirs puissants mais en apparence impossibles.

Ils se rappelaient en quelque sorte avoir passé beaucoup de temps dans cette maison, et se souvenaient peu à peu qu'il y avait un autre professeur qui les dirigeait, en plus de Matus et Genaro, et c'était sa maison. Il s'appelait Silvio Manuel. Manuel leur avait également enseigné, dans cette maison, mais ils n'avaient aucun souvenir de lui. Ils en déduirent que chaque fois qu'ils avaient rencontré Manuel, ils étaient dans un état de seconde attention et, par conséquent, toute conscience de lui avait été oubliée.

Peu à peu, ils comprirent, grâce à une combinaison de raisonnement et de souvenirs, que Matus et Genaro se permettaient intentionnellement d'être avec Castaneda et les jeunes apprentis dans leur état de première attention, normale, à maintes reprises. Mais il y avait par ailleurs un groupe plus âgé de sorciers entourant Matus, que le groupe plus jeune n'avait aucun souvenir d'avoir rencontré. Ils les rencontraient parfois mais seulement dans la seconde attention ; ils n'avaient aucun souvenir de ce groupe dans leur première attention.

En guise de stratégie d'enseignement, les sorciers plus âgés faisaient assister les apprentis à des événements et accepter des explications du groupe élargi des enseignants dans la seconde attention uniquement. Les apprentis n'avaient jamais rencontré ces enseignants dans la première attention, pas plus qu'ils n'avaient entendu les noms de ces vieux professeurs mentionnés dans cet état. Leur existence même était inconnue dans l'état de conscience ordinaire des jeunes apprentis.

Si les événements et les enseignements du groupe élargi d'enseignants avaient été expérimentés dans la première attention, la raison serait intervenue et aurait contesté ou rejeté tout ce qu'elle n'aurait pas considéré comme réel et vérifiable. En enseignant aux apprentis dans la seconde attention, les anciens sorciers transmettaient directement leurs connaissances aux étudiants dans un état d'esprit où tout pouvait être immédiatement compris et accepté. Dans cet état d'esprit, les enseignements étaient vécus de façon directe et ensuite stockés dans la mémoire sans l'interférence de la raison. Quand bien même les enseignements seraient oubliés, ils seraient stockés fidèlement dans le corps lumineux.

Les apprentis étaient ensuite livrés à eux-mêmes, de retour dans la première attention, avec la tâche apparemment impossible de se souvenir de ce qu'ils avaient appris, à la manière d'une personne sous hypnose essayant de se souvenir de ce qui s'est passé sous hypnose. Le défi lancé aux étudiants à travers cette méthode d'enseignement est le défi auquel nous sommes tous confrontés pour récupérer la totalité de nous-mêmes.

Les apprentis se souvenaient que Castaneda avait une relation particulière avec Silvio Manuel ; en fait, il avait été gravement blessé et Manuel lui avait sauvé la vie. Ils soupçonnaient que Manuel avait en quelque sorte réduit Castaneda en esclavage, et Castaneda s'efforçait désormais de les asservir à leur tour. Ces souvenirs et d'autres, confus, révélèrent à tous qu'ils n'avaient rien à faire ensemble. Ils se séparèrent, brusquement et finalement, à l'exception d'une femme, La Gorda, qui continua à passer du temps avec Castaneda. Il quitta le groupe et retourna à Los Angeles. Plus tard, il rejoignit La Gorda, seul, en Arizona.

*****

Ce réalignement, la séparation des jeunes apprentis, démarra un nouveau cycle d'apprentissage, au cours duquel Castaneda et La Gorda travaillèrent ensemble en Arizona et à Los Angeles comme des égaux. Ils explorèrent un nouveau monde qu'ils parvinrent à ouvrir par déduction, et sur lequel ils enquêtèrent par la suite dans leurs rêves.

La seule façon pour la première attention de se souvenir des objets de la seconde attention est de rêver. Parce qu'ils avaient partagé des expériences dans la deuxième attention, ils supposèrent qu'ils devraient être capables de rêver ensemble et, ce faisant, de se souvenir des choses ensemble.

Pour rêver ensemble, ils devaient être endormis en même temps, mais pas nécessairement au même endroit. Ils savaient que leurs professeurs avaient abordé le rêve à plusieurs ; cela se produisait spontanément si une intention était partagée. Puisque tous deux avait déjà appris les rudiments du rêve – ce qui serait expliqué dans le livre ultérieur de Castaneda, *L'Art de rêver* – ils comprirent peu à peu comment se retrouver dans des rêves partagés, pour les explorer ensemble par la suite, révélant ainsi des souvenirs qu'ils partageaient dans l'autre moi.

Selon Castaneda, en rêvant ensemble, lui et La Gorda reproduisaient ce que tous les nouveau-nés humains font lorsque nous apprenons à rejoindre le monde que nos aînés nous transmettent. Le cocon lumineux rêve naturellement et spontanément avec d'autres cocons, ce qui signifie qu'ils placent spontanément leurs points d'assemblage aux mêmes positions. Les participants peuvent dès lors se mettre d'accord sur le contenu du monde qu'ils partagent, ce qui le rend réel à leurs yeux. Rêver ensemble est ce que nous faisons quand nous rejoignons un monde ; c'est également la procédure que les voyants de don Juan utilisaient pour se souvenir des informations et des souvenirs qui étaient stockés dans la seconde attention.

Le but de la première partie de la formation à la sorcellerie de don Juan visait à créer des souvenirs partagés dans la seconde attention parmi les apprentis. Castaneda et La Gorda savaient qu'ils partageaient les mêmes souvenirs, bien que cachés, parce qu'ils savaient que c'était la façon dont Matus l'avait organisé. Une fois qu'ils se retrouvèrent plongés dans un rêve partagé, le fait de l'explorer ensemble le rendit pour eux réel ; être réel implique un accord préalable avec quelqu'un. Une fois la réalité de ce rêve partagé avérée, il devint une partie de la première attention et fut remémoré. Ce qui permit ensuite la libération d'un flot d'autres souvenirs connexes.

Dans leurs rêves communs, Castaneda et La Gorda se rencontrèrent dans un souvenir partagé mais oublié, par le biais duquel ils se retrouvèrent dans une grande maison au Mexique avec un important groupe de sorciers, et notamment Matus et Genaro. Les souvenirs sont stockés dans des positions très précises du point d'assemblage. En se rencontrant dans un rêve, ils localisèrent spontanément, ensemble, la même position précise du point d'assemblage. Ensuite, ils partagèrent une conscience continue dans ce souvenir alors qu'il se déroulait dans une reconstitution. Ils revécurent des souvenirs qui leur avaient précédemment échappé. D'après Castaneda, les souvenirs qui sont redirigés de cette manière peuvent être revécus avec encore plus de clarté et d'intensité que l'expérience originale.

Castaneda et La Gorda se souvinrent que Matus et Genaro n'étaient pas seuls, mais qu'ils faisaient partie d'un groupe important de sorciers, et que Castaneda et La Gorda, ainsi que les autres apprentis, avaient fréquenté ce groupe plusieurs fois. Mais qui étaient ces gens ? Que c'était-il passé ? Comment avaient-ils pu oublier ?

À ce stade du récit, Castaneda, aidé par La Gorda, revendiqua toute une histoire jusque-là inconnue de sa propre vie en se remémorant des choses dans des rêves et en ramenant ces souvenirs auparavant inconnus dans sa conscience normale.

Un cynique est en droit de se demander : quelle est cette présentation rétroactive continuelle de nouveaux événements et personnages dans le passé ? S'agit-il d'une autre astuce éditoriale pour assurer la continuité de sa série de livres ô combien lucratifs ? Ou, la relation entre la première et la seconde attention, et la récupération des souvenirs perdus et des mondes de la seconde attention, est-elle la clef de compréhension des œuvres complètes de Castaneda ? Cela nous rapproche-il du centre de la philosophie de Castaneda ?

Si la philosophie sous-jacente des cocons et des filaments d'énergie est vraie, alors toutes les histoires de Castaneda sont bien plus que possibles. Si l'univers est composé d'énergie consciente et contient une multitude de points d'assemblage où la perception peut être assemblée en de nombreux mondes, alors notre maîtrise partielle de notre unique point de perception, bien qu'absolument crucial pour notre survie, n'a rien d'alarmant. Si notre monde connu n'est qu'une petite île dans un vaste univers inconnu et inconcevable, alors la seule activité digne pour nous est d'organiser notre île comme notre rampe de lancement à partir de laquelle explorer le vaste inconnu.

Castaneda et La Gorda procédèrent à travers un processus combiné de déduction, de rêve ensemble, et de remémoration pour arriver à la conclusion qu'ils avaient oublié beaucoup de choses qui leur étaient arrivées avec Matus et ses contemporains.

Ils en déduisirent qu'ils avaient probablement expérimenté la plupart de leur apprentissage dans la seconde attention. Ils se rappelèrent peu à peu qu'ils avaient été apprentis au sein d'une grande famille de professeurs, et notamment Matus, Genaro, Manuel et 13 autres. Ces sorciers auxiliaires avaient mené leurs enseignements exclusivement pendant que les étudiants étaient dans la seconde attention. Les étudiants étaient forcés de se concentrer sur la deuxième attention lorsqu'ils interagissaient avec le groupe élargi des vieux sorciers.

Dans la première attention, les étudiants étaient seulement autorisés à être en présence de Matus et Genaro de sorte à ce qu'ils se souviennent dûment des interactions avec ces deux-là. Pour que Castaneda et La Gorda se souviennent de tous les autres enseignants et de toutes leurs expériences avec eux, ils devaient avoir accès et contrôler ensemble leurs premières et secondes attentions.

En fait, il s'agissait de la méthode d'enseignement elle-même. Acquérir la capacité de se déplacer entre la première et la seconde attentions était l'objectif. Leurs anciens professeurs leur transmettaient des informations directement, mais il s'agissait d'informations qui auraient été inacceptables pour la raison et, par conséquent, rejetée par la première attention. Ainsi, les informations leur étaient transmises alors qu'ils étaient dans la seconde attention et stockées là.

Les enseignants du groupe de don Juan Matus pouvaient contrôler l'attention des étudiants. Ils pouvaient en quelque sorte déplacer les points d'assemblage de nombreux étudiants au même endroit en même temps. Ce faisant, ils initiaient les étudiants dans un processus de réapprentissage de toute une vie de toutes les informations qu'ils avaient stockées, mettant ainsi ces informations à disposition de la première attention. En se remémorant, ils obtiendraient la compréhension et le contrôle des deux côtés de leur conscience, et parviendraient à la totalité d'eux-mêmes. Grâce à cet effort, ils apprirent à déplacer leurs propres points d'assemblage, parachevant ainsi leur entraînement.

*****

À ce stade du récit, vers le milieu du *Don de l'aigle*, Le ton de Castaneda changea brusquement. Avant cela, l'histoire de Carlos Castaneda et de don Juan portait sur un apprenti incertain et maladroit qui continuait à avancer malgré lui – plein de doutes et de questions. Une fois que Castaneda se souvint de son autre moi avec l'aide de La Gorda, le ton de sa voix changea.

Il pouvait désormais voir la portée intégrale associée à la tâche d'apprendre et de se souvenir que don Juan Matus lui avait confiée. Il se rappela et comprit les informations historiques dont Matus lui avait fait part au sujet de leur héritage commun. Il commença à raconter avec assurance le mythe du mode de vie des anciens sorciers et l'histoire de la sorcellerie.

En récupérant une série de souvenirs de leur temps avec Matus, Castaneda et La Gorda découvrirent qu'ils avaient été joints à leurs huit apprentis contemporains dans le but de former un groupe traditionnel de sorciers selon une tradition ancienne, appelée la tradition toltèque. Également nommée la tradition des « anciens sorciers du Mexique », cette tradition avait évolué vers ce qu'on appelle la tradition des « nouveaux voyants » ou des « hommes de connaissance ». Don Juan Matus, Genaro Flores et leurs cohortes contemporaines étaient des nouveaux voyants. Ils ne se considéraient plus comme des sorciers, mais ils étaient issus de la tradition de la sorcellerie.

D'après cette tradition, une vaste période de civilisation humaine avait eu lieu sur les continents américains, en particulier au Mexique, dirigée par un groupe que Matus appelle les anciens sorciers du Mexique ou les Toltèques. La religion de cette culture, selon cette même tradition, avait commencé il y a 10 000 ans et était axée sur l'exploration et la manipulation de la seconde attention.

Cette civilisation toltèque originale avait connu son apogée dans la période entre 5000 et 2000 avant notre epocque, située autour de la vallée de Mexico. Elle avait été ensuite conquise par une autre civilisation dont on ignorait le nom, mais qui était peut-être celle des Mayas. La religion toltèque subsista sous le nouveau régime, mais, au fil du temps, elle était devenue corrompue, faible et vulnérable.

Les sorciers avaient toujours été connus pour utiliser leurs connaissances dans le but de contrôler et profiter de leurs semblables. Plus cette religion se délitait, plus elle devint seulement connue pour ses excès et son mauvais comportement. Elle survécut bon gré, mal gré jusqu'à la conquête espagnole. De par leur technologie supérieure, le christianisme et l'Inquisition, les Espagnols pourchassèrent et exterminèrent tous les sorciers toltèques restants qu'ils pouvaient trouver.

Des groupes isolés survécurent à l'Inquisition, avec

des nouvelles règles strictes assurant un secret absolu. Maintenue en vie au sein de petits groupes séparés et résistants aux conditions difficiles de l'oppression, une version nouvelle, plus forte et mieux organisée des anciennes croyances émergea. Elle renonçait au recours à la sorcellerie pour contrôler ou manipuler d'autre personnes, ce qui en retour entraîna encore plus de violence et de destruction. Cette nouvelle version est celle des « nouveaux voyants » ou des « hommes de connaissance ». Le groupe de Don Juan Matus était des « nouveaux voyants » ; leur lignée secrète remontait à 27 générations.

*****

Dans la nouvelle version de l'ancienne religion toltèque, des groupes d'apprentis guerriers vivaient isolés des autres groupes. De génération en génération, chaque troupe était rassemblée, parrainée et formée par une génération plus âgée, qui les reflétait en nombre et en caractère. Les sorciers entraînés dans le groupe plus ancien pouvaient se déplacer librement d'une attention à l'autre. Ils pouvaient aussi manipuler la conscience des élèves en faisant passer la conscience de ceux-ci de la première à la deuxième attention et vice versa.

Une fois qu'ils avaient rassemblé leur groupe d'apprentis, les sorciers manipulaient les étudiants dans la seconde attention, puis transmettaient directement et rapidement leurs enseignements, qui étaient stockés dans la seconde attention des étudiants.

Les étudiants retournaient à la première attention, où tout l'enseignement était oublié. La génération plus âgée quittait ensuite le monde, soit en mourant, soit en passant à la troisième attention. Les étudiants plus jeunes étaient ensuite dispersés et devaient se retrouver à nouveau dans la première attention. Ils devaient s'entraider pour se souvenir de ce qu'ils avaient appris dans la seconde attention de la part de leurs professeurs, comme le firent Castaneda et La Gorda. De cette façon, la première attention permettait à la seconde d'être reconnue par celle-ci en se souvenant et en rêvant.

Une fois que la seconde attention, l'autre moi, est découverte et intégrée dans la première attention, l'homme ou la femme y étant parvenu(e) accède à la totalité de lui ou elle-même et peut « puiser directement aux souvenirs de notre luminosité – et avec des résultats prodigieux ».

Les souvenirs de notre luminosité peuvent inclure des souvenirs familiaux, tribaux et raciaux transmis depuis des générations. Dans la mesure ou les souvenirs peuvent être stockés dans des positions du point d'assemblage, ils peuvent être transmis inconsciemment pendant des générations à travers les processus consistant à rêver ensemble avec les parents et les aînés. Non seulement le point d'assemblage sélectionne et assemble la perception, mais il l'entrepose également. Les souvenirs sont conservés dans des positions précises du point d'assemblage et peuvent être transmis sans s'en apercevoir pendant des générations.

*****

Grâce à leur interaction avec les guerriers de la génération plus ancienne dans la seconde attention, les apprentis reçoivent un « appui pour se tenir debout » dans l'inconnu. Un petit avant-poste de l'autre moi est cultivé et laissé en place « en le remplissant délibérément de souvenirs d'interaction. Les souvenirs sont oubliés et finissent un jour par refaire surface afin de servir d'avant-poste rationnel d'où partir dans l'immensité incommensurable de l'autre moi. »

À la fin du *Don de l'aigle*, Castaneda redécouvrait l' « appui pour se tenir debout » que ses professeurs l'avait aidé à construire. Il se rappelait également de tous les événements qui avait mené à sa séparation du jeune groupe de guerriers avec qui il avait étudié. Ces apprentis étaient à présent livrés à eux-même, sans chef, Castaneda suivant son propre chemin séparé d'eux.

COCONS ET FILAMENTS

Les septièmes et huitièmes livres de Castaneda, *Le Feu du dedans* et *La Force du silence*, furent publiés en 1984 et 1987. Dans ces deux livres, Castaneda apportait enfin un résumé clair de la philosophie derrière son écriture.

C'était environ 25 ans après sa première rencontre avec Matus (en 1960), plus de 16 ans après la publication de son premier livre (1968) et plus de dix ans après la fin de son apprentissage avec Matus en 1973.

Il lui fallut tout ce temps et tous ces efforts pour parvenir à ce point. En dévoilant cette philosophie, il révélait enfin une profonde cohérence qui redéfinissait et clarifiait tous ses précédents écrits. Les questions quant à la véracité et à l'origine de ses histoires subsistaient, mais les lacunes dues aux contradictions et autres incohérences étaient comblées. Avant cela, les critiques pouvaient dire, indépendamment du caractère réel ou fictif de l'œuvre, que cela n'avait aucun sens. Après, ils n'avaient d'autres choix que d'admettre que cela avait effectivement du sens, bien que la question de savoir si tout cela relevait de la fiction, de la réalité ou du plagiat restait en suspens.

Pour les besoins de ce livre, j'ai déjà présenté une explication dans le quatrième chapitre, *Pouvoir universelle*. Pour les lecteurs de longue date, comme moi, qui lisait les livres un par un à mesure qu'ils étaient publiés, nous n'avions pas encore d'explication jusqu'à ce stade. Avant d'y parvenir, il est compréhensible que Castaneda ait été considéré par beaucoup comme un simple écrivain exhibitionniste des années soixante et soixante-dix, colportant une nouvelle pseudo-philosophie hallucinogène dans le seul objectif de vendre des livres.

Le Feu du dedans et *La Force du silence* comprennent ensemble la somme des enseignements de don Juan dans la mesure de la compréhension de Castaneda, qui n'était pas complète. Castaneda reconnaissait que son degré d'accomplissement était insuffisant, et il en fut ainsi dans ses travaux ultérieurs, et ce jusqu'à la fin.

*****

L'homme a deux types de conscience, réaffirmait Castaneda : les côtés droit et gauche. Cette configuration reflète la façon dont l'univers est divisé en *connu* et en *inconnu*. Les enseignements de Matus étaient, par voie de conséquence, également divisés en deux parties : les enseignements pour le côté droit et les enseignements pour le côté gauche. Les enseignements pour le côté droit étaient acceptables pour notre raison, tandis que les enseignements pour le côté gauche ne l'étaient pas.

Les enseignements pour le côté droit furent réalisés pendant que Castaneda était dans son état de conscience ordinaire. Il était question de ces enseignements dans les six premiers livres.

Matus avait la capacité de forcer intentionnellement la conscience de Castaneda à passer d'un côté à l'autre. Chaque fois que don Juan voulait démontrer ou enseigner quelque chose qui ne serait pas accepté par le moi rationnel, ordinaire, de Castaneda, Matus le faisait passer du côté gauche. Une fois la leçon terminée, Matus faisait repasser Castaneda du côté droit, où il oubliait rapidement ce qu'il venait de voir et d'entendre. L'enseignement, cependant, restait stocké quelque part du côté gauche, dans l'idée d'être récupéré plus tard. Matus organisait soigneusement ses enseignements de telle sorte qu'il incomberait ensuite à Castaneda de s'en souvenir après le départ du professeur. A travers ce travail de remémoration, Castaneda découvrirait son autre moi, complétant ainsi sa formation.

Après la fin de son apprentissage et le départ de Matus, Castaneda et La Gorda découvrirent ensemble comment accéder aux souvenirs cachés que Matus leur avait mis en réserve. Ils commencèrent à se souvenir des enseignements du côté gauche.

Castaneda sut alors, enfin, que pendant ses années d'apprentissage, il y avait un groupe de 16 personnes qui lui avaient enseigné sur le côté gauche. Ils ne se présentaient pas eux-mêmes comme des sorciers, pas plus qu'ils ne présentaient leurs enseignements comme de la sorcellerie ; ils enseignaient plutôt « comment maîtriser trois aspects d'une connaissance ancienne dont ils étaient en possession : la conscience, la traque et l'intention. Et ils n'étaient pas sorciers, ils étaient des voyants ».

Ils étaient issus d'une tradition née de ce qu'ils appelaient « la sorcellerie ancienne », mais au fil du temps, cette tradition avait évolué au-delà de la sorcellerie pour devenir quelque chose de plus moderne.

Matus décrivait l'histoire humaine du côté gauche, rapportant une « ancienne chaîne de connaissance qui s'étendait sur des milliers d'années... des siècles avant l'arrivée des Espagnols au Mexique ». Les hommes et les femmes de cette tradition savaient « fixer la conscience » des autres, en utilisant des « connaissances secrètes » pour dominer leurs sociétés.

Ces puissants sorciers avaient gouverné les peuples de l'ancien Mexique jusqu'à ce que la région fût conquise, d'abord par d'autres groupes amérindiens, puis par les Espagnols. Les Espagnols exterminèrent systématiquement les sorciers restants. Seuls de petits groupes dispersés survécurent. Ils mirent en place des lignées distinctes pour préserver secrètement les anciennes connaissances et traditions, mais considéraient que l'ensemble du système de croyance antique avait échoué. Ils s'étaient rebaptisés les « nouveaux voyants ».

Dans une autre redéfinition progressive des termes, Castaneda définissait désormais la sorcellerie comme la capacité de forcer les autres à changer de conscience en ayant recours à des connaissances secrètes. Les vieux sorciers utilisaient ces pouvoirs pour dominer et contrôler leurs sociétés. Les nouveaux voyants possédaient encore ces capacités, mais ne les utilisaient que pour aider les autres à devenir libres.

En écrivant plus d'une décennie après le départ de Matus, Castaneda avait progressé dans son souvenir tant et si bien qu'il fut capable de se rappeler et de récupérer l'enseignement de base qu'il avait reçu de Matus, qu'il appelait la « maîtrise de la conscience ». En se remémorant ses expériences dans la seconde attention, il accéda à la totalité de lui-même.

La maîtrise de la conscience, c'est être capable de passer librement de la première à la seconde attention et vice versa, permettant ainsi d'avoir la totalité de soi-même disponible et accessible.

Jusqu'à ce stade, Castaneda affirmait continuellement que son travail et ses expériences étaient vrais, tel qu'il les avait perçus au fil du temps. Mais en raison de l'incomplétude de sa compréhension et de sa perception, sa présentation des événements semblait organisée au hasard, avec des chronologies disjointes et aucune philosophie sous-jacente discernable. Quel que soit la façon dont on considère sa narration, factuelle ou fictive, on est légitimement en droit de la critiquer pour ses nombreuses incohérences et contradictions au regard de la chronologie et des lieux. Mais une fois qu'il atteignit la totalité de lui-même, tout pouvait être ficelé de sorte à avoir pour la première fois une vue d'ensemble. Grâce au recul qu'offre cette perspective, il n'y a pas d'incohérences.

Les connaissances que lui avaient transmises les nouveaux voyants comprenaient la maîtrise de la conscience, l'art de la traque et la maîtrise de l'intention.

La maîtrise de la conscience concernait les deux *mois* et les deux types de conscience, et comment, au prix d'une lutte immense, ils étaient intégrés par la mémoire, de sorte que la totalité de soi-même était réalisée. L'art de la traque consistait à gérer le comportement de manière intentionnelle et harmonieuse pour briser le flot des événements et des perceptions habituels dans la conscience normale. La maîtrise de l'intention consistait à découvrir et à nourrir notre connexion à « l'esprit », le flux de l'énergie consciente universelle, jusqu'à ce qu'elle puisse être invoquée et utilisée à volonté.

Castaneda disait qu'il avait reçu l'enseignement complet pour les trois sujets dans la deuxième attention. Il avait réussi à se souvenir du premier, la maîtrise de la conscience, mais n'avait jamais retrouvé et élucidé les deux autres modules d'enseignements dans son travail écrit : l'art de la traque et la maîtrise de l'intention.

Son incapacité à maîtriser l'art de la traque explique sans doute la maladresse de la présentation de son histoire en tant qu'autobiographie. Castaneda pensait très probablement augmenter l'impact et l'intensité de sa représentation des sorciers antiques, en s'insérant lui-même et d'autres contemporains dans l'histoire. Il avait l'intention de révéler une vérité qui n'aurait pas eu le même impacte dans une dissertation sans relief.

En fin de compte, ses efforts visant à ressusciter cette ancienne tradition de sorcellerie et de magie ne rencontrèrent qu'un succès partiel. Sa tentative pour atteindre ce qui d'après lui représentait les qualités optimales d'une manœuvre de traque réussie échoua : la cruauté, la ruse, la patience et la douceur. Il n'était pas assez impitoyable avec ses propres habitudes et caractéristiques personnelles pour effacer sa propre histoire. S'il avait su garder son histoire personnelle à l'écart, ou plus ordonnée, il aurait pu mieux réussir à créer le mythe de don Juan Matus. L'existence réelle supposée de don Juan ne devrait pas être si importante, comme il n'est pas si important de savoir si Achilles a réellement existé, mais elle l'est.

Don Juan expliqua à plusieurs reprises à Castaneda

qu'il existait fondamentalement deux types de sorciers. L'un cherchait l'aventure, et notamment le pouvoir sur d'autres êtres, tandis que l'autre cherchait la liberté et renonçait à influencer les autres. Selon Matus, presque tous les sorciers de l'Antiquité étaient du type aventureux, et la plupart d'entre eux n'avaient jamais ne serait-ce qu'envisagé la quête de liberté tel que conçue par les nouveaux voyants. Matus et son groupe étaient tous de nouveaux voyants pour qui la liberté individuelle avait de l'importance. Le propre professeur de Matus, Julian Osorio, était un sorcier aventurier qui n'avait jamais appris à voir et qui était sans doute mort comme un homme normal. Matus pensait que Castaneda avait beaucoup en commun avec Osorio et les anciens sorciers.

*****

La version complète et finale de la maîtrise de la conscience était progressivement développée dans *Le Feu du dedans*. Puis, dans l'introduction de *La Force du silence* Castaneda récapitulait expressément « ... *la maîtrise de la conscience, qui était la pierre angulaire de ses enseignements, et qui se composent des prémisses fondamentales suivantes :*

1. L'univers est une agglomération infinie de champs d'énergie, ressemblant à des brins de lumière.

2. Ces champs d'énergie, appelés les émanations de l'aigle, rayonnent d'une source aux proportions inconcevables, métaphoriquement appelée l'Aigle.

3. Les êtres humains sont également composés d'un nombre incalculable de ces mêmes champs d'énergie filiformes. Ces émanations d'aigle forment une agglomération encapsulée qui se manifeste comme une boule de lumière de la taille du corps de la personne avec les bras étendus latéralement, comme un œuf lumineux géant.

4. Seul un très petit groupe des champs d'énergie à l'intérieur de cette boule lumineuse sont éclairés par un point de brillance intense situé sur la surface de la boule.

5. La perception se produit lorsque les champs d'énergie dans ce petit groupe entourant immédiatement le point de brillance étendent leur lumière pour éclairer des champs d'énergie identiques à l'extérieur de la boule. Puisque les seuls champs d'énergie perceptibles sont ceux éclairés par le point de brillance, ce point est appelé « le point où la perception est assemblée » ou simplement « le point d'assemblage ».

6. Le point d'assemblage peut être déplacé de sa position habituelle sur la surface de la boule lumineuse vers une autre position sur la surface, ou à l'intérieur. Puisque la brillance du point d'assemblage peut éclairer n'importe quel champ d'énergie avec lequel il entre en contact, lorsqu'il se déplace vers une nouvelle position, il illumine immédiatement de nouveaux champs d'énergie, les rendant perceptibles. Cet acte de perception est conue sous le nom de « voir ».

7. Lorsque le point d'assemblage change, il rend possible la perception d'un monde entièrement différent – aussi objectif et factuel que celui que nous percevons normalement. Les sorciers se rendent dans cet autre monde pour obtenir de l'énergie, du pouvoir, des solutions à des problèmes d'ordre général et particulier, ou pour faire face à l'inimaginable.

8. L'intention est la force omniprésente qui nous permet de percevoir. Nous ne devenons pas conscients parce que nous percevons ; nous percevons plutôt comme le résultat de la pression et de l'intrusion de l'intention.

9. Le but des sorciers est d'atteindre un état de conscience totale pour expérimenter toutes les possibilités de perception dont dispose l'homme. Cet état de conscience implique même une autre façon de mourir. »

*****

La force ou l'énergie contenue dans les filaments conscients, qui sont les éléments de base de l'univers, nous est incompréhensible. L'explication la plus proche si l'on veut comprendre cette énergie est de la considérer comme l'intention de l'univers. D'une certaine manière, elle exprime l'intention de l'univers. Ces filaments peuvent également être qualifiés de commandes de l'univers. Ils nous commandent d'être, et nous commandent de percevoir ; en fait, ils commandent tout partout.

L'intention de l'univers nous force à percevoir. Notre existence entière et notre être sont déterminés par les commandements de ses cordes d'énergie, qui expriment son intention. L'intention de l'univers crée le cocon et le remplit d'énergie, puis place le point d'assemblage à sa place sur la surface de ce cocon, ordonnant à l'être de percevoir à cette position.

Le percepteur apprend à maintenir le point d'assemblage fermement et régulièrement à ce point et à l'empêcher de bouger. L'alignement qui en résulte produit un être vivant dans un monde. Cet être développe sa propre intention et sa propre identité, poursuivant ses propres objectifs et oubliant d'où il ou elle vient, et dans quel but, et même qu'il ou elle est connectée à l'intention de l'univers.

Pendant le rêve, le point d'assemblage se déloge de sa position fixe et se déplace. La personne qui rêve n'est pas en mesure de contrôler où le point d'assemblage se dirige initialement. Il ou elle peut avoir l'intention d'aligner l'énergie rencontrée à n'importe quelle nouvelle position et de la maintenir stable à ce nouvel endroit. Si ce nouvel endroit est assez éloigné de l'endroit précédent, la magie de la perception alignera un nouveau monde et un nouveau *perceveur* simultanément. Un être apparaîtra dans un autre monde.

De notre point de vue, il est impossible de dire où se trouve cet autre monde. Ce pourrait être dans l'infini, ou de l'autre côté de l'univers, ou juste à côté de nous mais dans une autre dimension. Objectivement, tout ce qu'on peut dire, seulement, c'est qu'il se trouve à cette position du point d'assemblage. L'univers a des milliards de positions inédites où les points d'assemblage peuvent assembler des filaments d'énergie consciente. Ce monde, ou cet être, ou cet événement se trouve à n'importe quelle position où une sélection particulière de filaments d'énergie innombrables est assemblée. Pour revenir à ce monde et à cet événement, il est nécessaire de revenir à cette position précise du point d'assemblage.

Du point de vue du rêveur, il ou elle voyage dans un autre monde, quelque part dans l'infini, par sa connexion avec l'univers, qui est son point d'assemblage, en alignant de nouvelles cordes d'énergie qui s'étendent à l'infini. Le point de départ du rêveur était aussi un endroit quelque part dans l'infini, et il faut y retourner en trouvant la position exacte du point d'assemblage où notre monde normal existe.

Les expériences rencontrées à la nouvelle position du point d'assemblage y sont stockées. Les souvenirs et les informations sont stockés dans des positions très précises du point d'assemblage. Une fois stockés, le rêveur peut revenir plus tard sur ce point, revivre cette expérience exactement comme auparavant et avoir accès à la connaissance.

*****

Quand un rêveur commence à explorer de nouveaux mondes, en atteignant de nouvelles positions du point d'assemblage, il emprunte un chemin familier aux autres rêveurs expérimentés. Il existe des jalons sur les premières parties de ce chemin que tous les rêveurs traversent nécessairement. Il y a plusieurs positions proximales qu'il ou elle rencontrera au début de ses aventures. L'une de ces destinations initiales est la position du moule de l'homme.

Le moule de l'homme est une entité, ni mâle ni femelle, qui façonne la force vitale en forme humaine. Chaque forme de vie possède un moule qui existe à une position du point d'assemblage proche de celle normalement utilisée. Le moule de l'homme peut être rencontré lorsque le point d'assemblage se déplace, soit dans les rêves, soit en raison d'une maladie, d'un choc ou d'une autre occasion lors de laquelle nous avons suffisamment de pouvoir. Nous le voyons tous au moment de la mort, lorsque notre énergie vitale disparait et que nous ne pouvons plus maintenir notre point d'assemblage en place et contrôler notre perception. Il apparaît comme un « être rayonnant et lumineux ».

Selon Matus, le moule de l'homme est un groupe d'émanations dans la bande de chaque homme et femme. Il s'agit de « la partie des émanations de l'aigle que les voyants peuvent voir directement sans danger pour eux-mêmes. »

Les anciens sorciers voyaient ce moule, et de nombreux mystiques l'ont vu tout au long de l'histoire humaine. D'après Matus, les anciens sorciers le prenaient pour un protecteur ou un esprit amical qui pouvait leur accorder des faveurs, une protection ou des pouvoirs. Des mystiques ont vu le moule de l'homme et l'ont faussement interprété comme étant notre dieu.

Lorsque nous sommes en sa présence, notre égocentrisme nous fait projeter dessus les caractéristiques qui nous sont les plus chères : amour, pardon, charisme, compréhension, justice, vérité. En comparaison avec cette projection, nous nous sentons indignes, vils, coupables et malfaisants.

L'expérience mystique, où l'on rencontre le moule de l'homme, est une vision fortuite causée par un mouvement aléatoire du point d'assemblage. C'est une aventure unique, après laquelle le mystique se souvient de cette vision et des sentiments d'émerveillement mêlée d'admiration et de vénération qui lui sont associés, et suppose qu'il était en présence du dieu de l'humanité. Une brève vision de ce genre peut donner lieu à une vie empreinte de nostalgie.

Les nouveaux voyants se faisaient un devoir de voir le moule plusieurs fois. A force de le voir, ils conclurent que ce n'est pas un dieu. Le moule n'a aucun pouvoir si ce n'est celui de nous estamper en tant qu'êtres humains. Il ne peut pas nous récompenser ou nous punir, ni intervenir en notre nom de quelque manière que ce soit. C'est simplement un modèle d'énergie qui estampille les qualités humaines sur l'énergie consciente, telle une matrice qui reproduit les êtres humains. Mais il ne nous crée pas à partir de rien, et ne peut nous favoriser ou nous aider d'une manière ou d'une autre.

Pour libérer leurs points d'assemblage en vue d'une exploration plus poussée, les nouveaux voyants visualisaient intentionnellement le moule plusieurs fois pour le voir tel qu'il est réellement. Dans le cadre de ce processus de libération, la force que le moule laisse normalement dans le corps, appelée forme humaine, est effrayée au point de se détacher. Après la disparition de la forme humaine, le voyant peut se regarder lui-même et ses perceptions avec plus de détachement émotionnel, ce qui améliore sa liberté.

*****

Lorsque l'intention de l'énergie à l'intérieur du cocon s'aligne sur l'énergie de l'extérieur, elle s'aligne brièvement avec l'intention universelle. À travers le processus de répétition, l'intention à l'intérieur du cocon devient familière avec l'intention de l'univers, tant et si bien que l'intention de l'univers peut devenir notre intention. Lorsque l'intention d'une personne fusionne avec l'intention universelle ou commande son point d'assemblage, elle peut dès lors se rendre ou elle a l'intention. Matus dit : « Notre commandement devient le commandement de l'aigle. »

Pendant sa vie, un sorcier ou une sorcière – défini(e) comme quelqu'un qui peut déplacer son point d'assemblage avec son intention – peut progressivement le déplacer dans son cocon pour finalement contacter et éclairer toute l'énergie à l'intérieur du cocon qui est au sein de la bande humaine. Une fois ceci accompli, tout le cocon est éclairé de l'intérieur en un éclair et devient comme un énorme conducteur d'énergie canalisée. L'être entre dans la troisième attention, qui est une manière alternative de mourir.

Dans nos religions monothéistes actuelles, il existe une façon de mourir, avec deux voies possibles après la mort. Une personne meurt et elle est ensuite jugée par Dieu, et va soit au paradis soit en enfer pour l'éternité.

Dans la théologie de Castaneda, il n'y a pas de dieu pour nous enseigner et nous juger ; il n'y a pas de paradis ou d'enfer, ou de mal.

Selon Castaneda, il est possible de mourir de deux façons, et il est également possible de prolonger l'existence de plusieurs manières.

On peut mourir dans la première attention, où les éléments qui ont été rassemblés par la force de vie se séparent simplement et flottent dans l'inconnu, comme s'ils n'avaient jamais été ensemble.

Alternativement, après une vie à explorer la seconde attention, on peut se rendre dans la troisième attention en « brûlant de dedans ». Don Juan disait qu'il était sûr que des milliers de voyants avait accompli cela et avaient entamé un « voyage définitif », conservant leur force de vie, avec l'infini pour nouveau royaume. Il croyait que leur conscience durerait aussi longtemps que la terre existerait, et qu'ils mourraient quand la terre mourrait.

Toutefois, un nombre encore plus important de sorciers, y compris presque tous les anciens sorciers du Mexique, n'était pas morts non plus, selon Matus. Au lieu de cela, alors qu'ils essayaient de naviguer à travers la seconde attention, ils avaient atterri dans des domaines qui sont sans doute pires que la mort. En raison d'efforts malavisés pour prolonger leur vie, la plupart d'entre eux avaient fini par se perdre, kidnappés ou emprisonnés, quelque part dans l'infini.

*****

S'aventurer dans l'inconnu est un défi pour les humains, et Castaneda affirmait que le but de la vie est d'enrichir la conscience en incorporant des parties de l'inconnu dans la zone du connu. Cela nous rapproche de l'intention qu'a l'univers de se connaître. De nouveaux types de perception apportent également une nouvelle énergie.

Matus disait que son système fournissait la meilleure réponse à « la question qui a toujours hanté l'homme : la raison de notre existence ». Notre rationalité ne peut pas trouver une réponse à cela sans se livrer à un acte de foi aveugle. À en croire Matus, l'univers confère activement la conscience aux êtres sensibles de manière à ce qu'ils puissent enrichir cette conscience pendant le processus de vie, pour ensuite la rendre à l'univers dans une meilleure condition. La raison d'être est d'élever le niveau de conscience, au nom de l'univers.

Matus affirmait que c'est un fait qui peut se vérifier, pas seulement une croyance. La manière traditionnelle de la sorcellerie mexicaine d'interpréter cela est d'invoquer « l'aigle », une image projetée du dispensateur de la conscience qui la distribue aux êtres à la naissance, puis « mange » la conscience accrue quand l'être meurt.

Une force universelle prête une conscience primordiale aux êtres sensibles. Elle attire continuellement cette conscience vers elle alors que la conscience est enrichie et améliorée pendant la vie. L'être vivant résiste à cette attraction pendant la vie jusqu'à ce qu'il soit épuisé et que la force universelle désintègre l'être vivant et récupère à nouveau cette conscience, enrichie par les expériences de cette vie. Au moment de la mort, toutes les expériences de la vie sont libérées de l'endroit où elles ont été stockées, l'univers revendiquant cette conscience comme sa nourriture.

Matus n'apporte aucun crédit à la théorie de l'évolution de Darwin. Il disait que les espèces n'évoluent pas car des mutations accidentelles se produisent qui s'avèrent avantageuses et deviennent alors des changements permanents. Les êtres individuels changent au cours de leur vie car ils enrichissent leur conscience. Un changement de conscience correspond à un changement de la position du point d'assemblage, ce qui implique un changement d'être. Les changements évolutifs à l'échelle de l'espèce s'expliquent par le fait que l'espèce entière choisit intentionnellement une nouvelle position du point d'assemblage après que des individus en aient indiqué la voie.

10

CONSERVATEURS ET LIBÉRAUX

Il n'existe aucun moyen de savoir comment nous avons initialement fixé notre point d'assemblage, étant donné que cela s'est produit avant que nous ayons un langage ou des pensées. Par contre nous pouvons prendre conscience de la façon dont nous le maintenons à un endroit. Nous le fixons et le stabilisons à travers un dialogue intérieur permanent, un processus consistant à imposer notre histoire personnelle continue sur la vie avec nos pensées et nos habitudes. La majeure partie de ce processus repose sur un bavardage incessant des pensées, qui devient autonome ; nous le faisons sans en prendre conscience. Nous ne pouvons pas l'interrompre avec un effort conscient, dans la mesure où cet effort est composé de plus de pensées.

Compte tenu que le point d'assemblage est stabilisé en un seul endroit à travers un processus de dialogue et de langage intérieur, le moyen de le déloger de sa position habituelle sur le cocon consiste à calmer ce dialogue interne. C'est le silence auquel Castaneda fait référence dans le titre, *La Force du silence*. Si nous voulons libérer notre point d'assemblage de l'endroit auquel nous sommes habitués, nous devons parvenir à un silence intérieur.

*****

Il existe deux types de connaissances : notre connaissance de tous les jours qui provient de l'utilisation du langage et de la raison, et la connaissance silencieuse qui existe séparément du langage. Au cours de son histoire de vie sur la planète, qui, selon la science, pourrait aller jusqu'à un million d'années, l'humanité n'a pas toujours été dans la position du point d'assemblage qu'elle occupe actuellement. La forme actuelle de dialogue intérieur que nous utilisons pour maintenir notre position moderne est un développement relativement récent dans l'histoire humaine. L'humanité est progressivement passée d'une position de connaissance silencieuse à un position de raison. À un moment critique, très récemment par rapport au temps global de l'humanité sur terre, la connaissance silencieuse a été abandonnée et la raison et le langage ont pris le dessus.

Nous avons toujours les deux parties dans notre être. Une partie est « extrêmement vieille, à l'aise, indifférente. Elle était lourde, sombre et connectée à tout le reste... Elle était l'égal de tout. Elle appréciait les choses sans aucune attente. » Cette partie plus ancienne de l'homme n'avait pas besoin de langage ; elle précédait l'ère dominée par la raison, la réflexion et l'écriture dans une langue.

Le côté plus âgé de l'homme savait des choses auxquelles nous n'avons plus accès. La connaissance et le langage sont séparés ; nous avons toujours une connaissance silencieuse, mais elle est enfouie. Elle est noyée par les bavardages et les clameurs de notre dialogue intérieur. Nous ne pouvons pas y accéder en recourant au langage ; nous ne pouvons qu'en indiquer la direction générale. Alors que nous développions le langage et élargissions l'usage que nous en faisions, nous avons peu à peu perdu l'accès au vaste domaine de la connaissance silencieuse. Chaque tentative rationnelle que nous cherchons à établir pour combler ce fossé a pour effet de l'élargir.

La partie rationnelle moderne de l'homme est « légère, nouvelle, douce, agitée. Elle est nerveuse, rapide. » Selon Castaneda, alors que la vieille partie de l'homme regardait un désert ou un champ vide sans velléité de le changer, l'homme moderne voulait quant à lui cultiver des rangées de plantes pour nourrir les gens ou construire quelque chose.

L'homme ancien savait quoi faire sans penser, ne se différenciant pas de la nature. Graduellement, l'idée d'un moi individuel apparut, afin qu'il puisse prédire et organiser ses actions. Ce moi-individuel développa d'abord le langage parlé et, plus tard, le langage écrit. Progressivement, ses pensées, ses paroles et ses mots furent utilisés pour « dicter la nature et la portée des actions de l'homme ». On utilisait le langage pour délimiter et contrôler l'étendue des activités et de la conscience de l'homme.

Peu à peu, le moi-individuel se renforça tandis que la connexion à l'ancienne connaissance silencieuse finit par se perdre. Cette perte de connexion créa un sentiment de désespoir, qui engendra ensuite un surplus d'activité cérébrale pour améliorer ou réparer le moi, pour récupérer ce sentiment de connexion. Parce qu'il était basé sur la raison, ce surplus d'activité cérébrale ne pouvait qu'accélérer l'éloignement de la connaissance silencieuse organique au profit d'un rapprochement vers le moi-individuel.

L'homme moderne se préoccupe désormais de lui-même de façon obsessive. Il a déplacé le point d'assemblage à une position extrême. Pour ce qui est de l'auto-préoccupation, l'homme moderne a évolué vers une position où les expressions les plus extrêmes de celle-ci dominent sa conscience. Des raisons extrinsèques expliquent ce mouvement, et c'est un défi auquel l'humanité doit faire face, imposées de l'extérieur de nous-même par les forces de l'univers.

Compte tenu que nous avons atteint la position la plus extrême de l'égocentrisme, son paroxysme, tout mouvement ultérieur du point d'assemblage, quelle qu'en soit la direction, ne peut que s'éloigner de l'auto-préoccupation. En d'autres termes, le défi de l'homme de notre époque consiste à libérer son point d'assemblage en réduisant sa préoccupation pour lui-même.

*****

La raison et la connaissance silencieuse sont deux points. De nos jours, notre premier point est la raison. Tout le monde est proche de ce point, mais tout le monde ne s'y trouve pas carrément ; la plupart des gens se situent quelque part entre la raison et la connaissance silencieuse. Ceux qui sont carrément sur le point de la raison sont les vrais leaders de l'humanité. Au dire de Matus, ce sont généralement des personnes inconnues qui ont le génie d'atteindre et de comprendre la position précise du point d'assemblage. Ils influencent alors toute la cohorte, qui est en quelque sorte l'audience du leader.

Jadis, le premier point était sur la connaissance silencieuse, et les vrais leaders se situaient carrément sur ce point. L'humanité a passé la grande majorité de son histoire du côté de la connaissance silencieuse, ce qui explique notre grande nostalgie à ce sujet.

Ce n'est qu'en arrivant carrément sur l'une ou l'autre position - la raison ou la connaissance silencieuse - que l'on peut clairement voir l'autre position. C'est ainsi que l'âge de la raison a connu son avènement. « On pouvait clairement voir la position de la raison à partir de la position de la connaissance silencieuse. »

Le but de don Juan Matus et des nouveaux voyants est de toucher les deux positions en utilisant deux ponts à sens unique.

« *Le pont à sens unique de la connaissance silencieuse à la raison s'appelait « préoccupation ». C'est-à-dire la préoccupation qui animait les vrais hommes de la connaissance silencieuse quant à la source de ce qu'ils savaient. Et l'autre pont à sens unique, de la raison à la connaissance silencieuse, était appelé « compréhension pure ». Autrement dit, la reconnaissance par l'homme de raison que la raison n'était qu'une île au milieu d'un océan infini d'îles.* »

*****

Le contenu et la nature de la perception sont déterminés par la position du point d'assemblage. A notre époque, la position commune de l'assemblage est celle de l'égocentrisme extrême. Selon Matus, l'auto-réflexion, l'auto-préoccupation, l'auto apitoiement et la suffisance sont pour ainsi dire la même chose. Notre auto-préoccupation est la principale force qui maintient le point d'assemblage à un point fixe.

Etant donné que nous sommes dans la position la plus extrême de la suffisance, tout mouvement du point d'assemblage, quel qu'il soit, ne peut que s'éloigner de l'auto-apitoiement. Par conséquent, il convient de réduire l'égocentrisme pour libérer le point d'assemblage de sa position. C'est à travers la prise de conscience de notre suffisance que nous pouvons libérer l'énergie qui lui est dédiée. Une fois le point d'assemblage libéré, il passera à une autre position par lui-même, loin de l'auto-apitoiement et de l'auto-préoccupation.

Le mouvement du point d'assemblage est qualifié de sorcellerie. Si nous réduisons notre suffisance, le point d'assemblage se déplacera. Sa direction est déterminée par l'intention universelle. Il s'agit d'une force réelle qui existe dans les filaments de l'univers auxquels tous les êtres sont connectés. Nous ne pouvons pas la voir, mais comme la gravité et l'électromagnétisme, qui sont également invisibles, l'intention universelle existe.

Le point d'assemblage peut être accidentellement déplacé par la maladie, la guerre, la faim, l'amour, la haine et le mysticisme, mais toute nouvelle position atteinte accidentellement ne peut être maintenue.

Matus pouvait intentionnellement déplacer son propre point d'assemblage et celui des autres. Il pouvait temporairement libérer le point d'assemblage de Castaneda de sa place habituelle, et l'influencer pour changer de position, de sorte à enseigner à Castaneda d'autres positions. Le déplacement du point d'assemblage libère l'énergie utilisée pour maintenir sa stabilité.

Les mouvements du point d'assemblage peuvent être amples ou courts. Ils peuvent également être des mouvements minuscules et atteindre des « îles isolés de perceptions », qui sont des souvenirs, individuels ou partagés. Les informations sont stockées sur des îles de perception.

Les interactions humaines sont des événements magiques qui se produisent lorsque les cordes de deux êtres lumineux ou plus interagissent et s'entrecroisent. L'univers est composé de positions indénombrables du point d'assemblage, où les cordes d'énergie conscientes sont combinées. Les événements de nos vies sont des « expériences dans la complexité de la conscience ».

Les événements de la vie sont stockés et peuvent être revisités en déplaçant le point d'assemblage à cette position précise. Avec pour conséquences que ces expériences soient revécues. De nombreux événements de l'enfance sont normalement oubliés, mais peuvent resurgir et être expérimentés de nouveau avec beaucoup d'intensité et de détails. Au cours d'une psychothérapie, l'objectif est souvent de rouvrir un événement oublié auquel un conflit ou un stress non résolu est associé ; pour le revivre et ainsi neutraliser sa capacité à provoquer une anxiété continue et un comportement négatif. Dans nos vies individuelles, nous emmagasinons et cachons des expériences entières de telle sorte qu'elles soient presque impossibles à rouvrir.

Juan Matus a poussé l'idée de la psychothérapie à son extrême logique. L'une des facettes les plus importantes de l'entraînement à la sorcellerie de Matus s'appelle « la récapitulation ». Chaque apprenti est tenu de prendre du temps, généralement plusieurs années, pour re-visiter et re-vivre chaque événement de sa vie précédente.

D'après Matus, le corps lumineux envoie constamment de très fins filaments qui sont énergisés par les sentiments et les émotions. Dans une interaction avec un autre cocon, chaque personne envoie des filaments à l'intérieur du cocon de l'autre. Si l'interaction n'est pas entièrement résolue lorsque les cocons se séparent, chaque partie laisse des filaments à l'intérieur du cocon de l'autre personne ou des personnes impliquées. Dans ce cas, les deux parties perdent de l'énergie de l'une à l'autre.

À mesure que les êtres humains traversent la vie, ils accumulent des filaments étrangers dans leur propre cocon. Ces filaments étrangers délaissés sont des affirmations émotionnelles d'autres êtres acquises lors de conflits interpersonnels. Elles deviennent la base de conflit intra-personnel, où nous sommes en conflit interne avec nous-mêmes. Elles sont le carburant de nos crises chroniques d'auto-apitoiement et de suffisance. L'effet à long terme de ces échanges est une perte d'énergie et une perte de liberté.

A travers le processus de récapitulation de Matus, ces événements passés sont revécus avec une clarté et une intensité qui peuvent s'avérer plus grandes que ce qui a été ressenti durant l'expérience originelle. Une fois qu'un événement est mis au point et ré-expérimenté, respirer consciemment permet à l'être lumineux d'éjecter les filaments laissés à l'intérieur par d'autres. Au même moment, il peut récupérer ses propres filaments qu'il a laissés à l'intérieur des autres êtres qui ont pris part à cet événement.

Les mères et les pères imposent à leurs enfants tant d'espoirs, de peurs et d'attentes que les parents se retrouvent avec des trous dans leur corps énergétique. Mais ceux-ci peuvent être réparés, et l'énergie récupérée. Les enfants ne sont pas blessés en ayant les filaments de leurs parents retirés de leurs sphères lumineuses.

Nous héritons également d'îles d'expériences stockées de nos parents ou gardiens. Dans l'enfance, notre dialogue intérieur n'est pas encore développé et notre point d'assemblage se déplace toujours librement. En rêvant involontairement avec des parents ou des gardiens, en passant simplement du temps avec eux, nous pouvons rencontrer leurs expériences mémorisées sans parler.

Les souvenirs ancestraux, familiaux et tribaux peuvent être transmis inconsciemment lorsque des êtres lumineux interagissant rêvent ensemble. Dès la naissance, nos points d'assemblage sont complètement fluides et ne se sont pas encore installés. Nos parents ou gardiens peuvent transmettre les points d'assemblage, qui font partie de la collection infinie d' « îles de perception de l'univers ». Selon Matus, du fait de ce partage, nous avons tous accès à de nombreuses îles d'expériences passées de la famille, de la tribu, du pays et même des sorciers de l'Antiquité.

Les grandes œuvres d'art peuvent également déplacer le point d'assemblage. Les Poèmes, les statues, les monuments, la musique et la danse peuvent tous figurer parmi les formes les plus élevées de sorcellerie. Ils peuvent nous amener à une position du point d'assemblage que l'artiste ou le constructeur connaissent.

Les annonceurs, les vendeurs et les politiciens pratiquent aussi des formes de sorcellerie. Notre perception peut être modifiée de manière positive ou négative, et nous pouvons ou non remarquer que nous sommes déplacés d'une position du point d'assemblage à une autre.

*****

La capacité de récupérer l'énergie d'anciennes connaissances à travers le processus de récapitulation constitue un autre exemple par lequel la philosophie de

Juan Matus s'aligne avec une énigme célèbre de la physique moderne.

Matus affirmait que nous pouvons envoyer de l'énergie et extraire de l'énergie d'autres êtres lumineux se situant dans des endroits inconnus très éloignés. Le Principe de l'Enchevêtrement Quantique explique que des électrons à différents endroits, apparemment sans aucun lien les uns avec les autres, peuvent s'influencer instantanément. Ce serait normal dans un univers de brins infinis d'énergie consciente.

Nous pourrions proposer d'aller plus loin et de suggérer que le saut quantique lui-même, à travers lequel un électron chauffé observé saute d'un niveau à un autre plutôt que de se développer harmonieusement, est le résultat du charactère dual de la perception. Même en utilisant un microscope électronique, les scientifiques observent toujours des événements à partir de la première attention. Par conséquent, il existe un petit écart dans le temps et l'espace entre ce qui est observé et l'énergie brute de l'univers pré-perception.

Et, plus généralement, la raison pour laquelle la lumière peut être considérée comme étant à la fois une onde et une particule peut également avoir un lien avec les premières et secondes attentions.

11

PERDU DANS UN RÊVE

L'œuvre littéraire de Castaneda peut être divisée en quatre phases.

La première était les quatre livres écrits pendant la vie de Don Juan Matus, et immédiatement après. Ceux-ci racontent les 13 années de voyage de Castaneda en direction, depuis et dans les environs des déserts et des montagnes du Mexique et de l'Arizona avec Matus. Cette phase se termina par le saut de Castaneda de la falaise tandis que Matus disparaissait du monde. Ces livres furent principalement écrits comme des comptes directs de la première attention. Castaneda vécut des aventures, les consigna et rédigea ce qui lui était arrivé en quatre livres.

La deuxième phase était les quatre prochains livres. Écrit après la disparition de don Juan, ils racontaient l'histoire du retour de Castaneda au Mexique, ses retrouvailles avec les autres apprentis et ses efforts pendant plus d'une décennie pour se souvenir des événements oubliés et des leçons issues de ses moments avec don Juan. Il y était question du processus de découverte de la seconde attention et de la récupération des souvenirs laissés là. Le processus de récupération des souvenirs de la seconde attention ouvrit Castaneda à la totalité de lui-même, ce qui donna un nouveau sens à sa vie antérieure.

L'Art de rêver, publié en 1993, 20 ans après la disparition de Matus, représente la troisième phase. Dans ce livre, il décrivait ses dernières aventures et mésaventures avec Juan Matus dans la seconde attention, dont il se souvenait à travers la pratique de *rêver*. Ces événements se soldèrent par une transition vers la quatrième phase de sa vie et de son travail, lorsqu'il retourna à Los Angeles.

** ***

Dans la philosophie de don Juan, il existe deux types de sorciers : les rêveurs et les traqueurs. La sorcellerie est la capacité de déplacer le point d'assemblage. Les rêveurs y parviennent en prenant conscience du mouvement naturel du point d'assemblage tout en rêvant, puis en stabilisant leur conscience à chaque nouvelle position découverte. Les traqueurs procèdent ainsi en modifiant systématiquement leur comportement jusqu'à ce que le nouveau comportement fasse bouger le point d'assemblage.

Castaneda était un rêveur, et *L'Art de rêver* est sa description la plus complète de sa spécialité.

Au début de notre vie, nous apprenons à immobiliser notre point d'assemblage à une position démontrée et enseignée par nos aînés. Plus tard dans la vie, nous ne lui permettons rarement, voire jamais, de quitter cette position prescrite et convenue. Normalement, nous sommes susceptibles de le fixer plus précisément sur un point à mesure que nous accumulons des informations au cours de notre vie, ce qui aiguise et durcit notre attention.

Il arrive, rarement, que le point d'assemblage puisse être déplacé par la maladie, le choc ou d'autres émotions extrêmes ; si tel est le cas, il en résulte une peur et une désorientation extrêmes, nous forçant à revenir rapidement à notre position habituelle.

Il est impossible de déplacer le point d'assemblage par un ordre conscient, mais il se déplace naturellement pendant le sommeil et *rêver*. Selon Matus, les anciens sorciers avaient développé des techniques pour tirer parti de ce mouvement naturel du point d'assemblage afin de développer nos capacités perceptuelles au-delà de leurs capacités normales.

Matus affirmait que nous pouvons rencontrer l'autre moi et le rapprocher de notre conscience normale à travers un type de *rêver* amélioré. C'est ce qu'il enseigna à Castaneda, qui décrivit la courbe d'apprentissage qu'il dut naviguer pour devenir compétent. Juan Matus prétendait que *rêver* était la seule méthode d'enseignement développée et prescrite par les anciens sorciers pour apprendre à utiliser la seconde attention et atteindre l'autre moi.

Il avertissait toutefois que *rêver* était « la facette la plus dangereuse de la connaissance des sorciers... un pur effroi, un véritable cauchemar ». Le chemin de *rêver* conduisait à des épreuves ultimes pour les explorateurs de la conscience. Le monde de *rêver* est une « trappe à double sens » entre notre monde et d'autres mondes.

Plus tôt au cours de sa formation, Castaneda avait découvert que chaque promenade dans le désert, aussi désinvolte fût-elle en apparence, ou la rencontre avec un marchand ou un étranger sur un marché, pouvait instantanément se transformer en une question de vie ou de mort. Quand il était avec Matus, le monde regorgeait de pouvoir inconnu.

Tandis qu'il apprenait *rêver*, Castaneda affronta des dangers qui étaient « augmentés au centuple » ; une fois que la croyance consistant à penser que les rêves sont uniquement quelque chose qui se produit pendant que nous dormons fut irrévocablement anéantie.

** ***

Rêver est le seul moment de notre vie normale où notre point d'assemblage se détache de sa position fixe et se déplace vers d'autres positions. La philosophie de Matus suggère que c'est le sens même du sommeil, et sa raison d'être.

Pourquoi devons-nous dormir et rêver ? Pourquoi ne pouvons-nous pas simplement fermer les yeux et reposer nos corps ? Pourquoi devons-nous entrer dans un état partiellement inconscient pour nous reposer complètement ? Est-ce parce que nous reposons le système autonome inconscient qui garde notre point d'assemblage en place et qui maintient notre conscience focalisée ? Le maintien de la stabilité de notre état normal de conscience exige un effort important. Sans le savoir, nous sommes pleinement engagés dans cet effort pendant toutes nos heures d'éveil. Nous devons verser dans une forme d'état de veille semi-conscient pour nous reposer de cet effort. Nous ne nous reposons pas vraiment tant que le point d'assemblage n'est pas temporairement libéré de son point de fixation. Après cela, nous sommes revigorés et pouvons recommencer. Sans véritable sommeil, nous devenons fous.

Une fois que le bavardage incessant de nos pensées s'est calmé, nous dormons. Notre point d'assemblage se libère et revient à son état naturel à travers lequel il se déplace de façon fluide. Au fur et à mesure que le point d'assemblage se déplace, il aligne différents groupes d'émanations de l'univers, et nous rêvons. Nous sommes conscients de certains de nos rêves, mais pas toujours et parfois nous nous en souvenons, mais généralement ce n'est pas le cas.

À mesure que le point d'assemblage s'enfonce un peu plus dans le rêve, il s'éloigne davantage de nos pensées et de notre langage habituels. C'est alors que nous entrons dans le royaume de la connaissance silencieuse, où les choses se vivent et s'appréhendent sans langage. Parfois, nous sommes coincés dans un espace entre le langage et le silence, et nous voulons parler ou crier mais seul du bruit se fait entendre. Lorsque nous nous réveillons plus tard de cet état, le langage se réaffirme. Nos pensées par l'entremise du langage redémarrent et le rêve disparaît de la conscience car il dépasse le périmètre du langage. Si nous n'inscrivons pas ce rêve rapidement en utilisant des mots, il est oublié. Nous oublions que nous avons rêvé, ou nous nous souvenons que nous avons rêvé mais oublions à quel sujet.

Pour peu que nous nous entraînions, nous pouvons graduellement devenir plus conscients de nos rêves alors même que nous les rêvons, ainsi que des transitions qui nous y mènent et nous en ramènent. Nous pouvons par ailleurs nous entraîner à nous en souvenir davantage. C'est ce qui est souvent prescrit lors de différents types de psychothérapie ou d'hypnothérapie, pour récupérer des émotions, des images et des symboles qui peuvent servir à comprendre et à améliorer notre comportement quotidien. Néanmoins, selon Castaneda, ce type d'analyse psychologique des rêves n'a qu'une valeur limitée. Elle nous emprisonne dans notre monde autoréflexif. Il est possible selon lui d'utiliser nos rêves pour dépasser cela.

*****

La plupart d'entre nous ne sont généralement pas conscients du processus d'endormissement. Nous ne sommes pas conscients du commencement et de la fin de nos rêves, puis nous nous réveillons brusquement et avons tendance à tout oublier, ou presque. Pour utiliser *rêver*, Matus enseigna d'abord à Castaneda un processus en trois étapes. Il lui enseigna à être conscient de la transition entre l'endormissement et l'entrée dans un rêve ; puis, lui montra comment maintenir la stabilité des images dans son rêve ; et, en fin, l'entraîna à se souvenir du rêve une fois qu'il était réveillé. Ces trois étapes constituent ce que Matus appelait « franchir la première porte de *rêver* ».

Lorsque nous sommes en état d'éveil, nous sommes dans la première attention. Lorsque nous dormons et rêvons, nous entrons dans ce que Matus appelait « l'attention de *rêver* ». C'est une étape intermédiaire à la seconde attention, qui appartient au domaine de la conscience après l'ouverture de la première porte de *rêver* ; à la manière d'une rivière qui mène à un océan, qui correspond quant à lui à la seconde attention beaucoup plus vaste. Après avoir franchi la première porte, nous sommes dans une rivière qui mène à la seconde porte de *rêver*. Au-delà de cette deuxième porte se trouve l'océan, c'est à dire la seconde – pleine – attention.

La première attention ne doit normalement pas être

autorisée à prendre conscience de la seconde. Devenir conscient de la transmission de la conscience éveillée à celle des rêves doit s'effectuer à partir de l'attention de *rêver*, et non pas de la première attention. Il n'existe pas de procédures prescrites pouvant être élaborées par la première attention pour procéder de la sorte. Il s'agit uniquement d'une intention – constante et répétée. L'attention de *rêver* y parviendra graduellement à travers une pratique constante.

Dans les rêves normaux, nous rencontrons souvent de nombreuses images décousues qui ne sont pas nécessairement assemblées sous la forme d'un monde cohérent. Nous n'entrons pas non plus consciemment dans le rêve et nous ne prenons pas conscience que nous y sommes avant que quelque chose n'advienne. Matus enseigna à Castaneda de faire une pause en entrant dans un rêve, d'organiser son attention et d'assembler le monde à l'intérieur de ce rêve. Cela s'effectuait en déplaçant son attention d'un élément à l'autre dans le rêve.

Grâce à une pratique répétée, un rêveur peut se concentrer sur des objets dans un monde rêvé de la même manière que nous nous concentrons sur des objets dans notre monde d'éveil. Il peut apprendre à faire en sorte que tous les objets d'un rêve s'organisent sous la forme d'un monde en passant son regard d'un objet à un autre rapidement. Faute de quoi, l'attention de *rêver* a tendance à tout admirer béatement. Si nous nous concentrons intensément sur une chose, cet objet, qui n'est autre que de l'énergie, se transforme en quelque chose d'autre. L'attention de *rêver* doit apprendre à servir la fonction d'un aiguilleur, tout comme notre première attention. Elle doit inviter ou convoquer le monde face à elle pour prendre la forme d'un monde ordonné.

Après avoir franchi la première porte de *rêver* en apprenant ces processus, il est possible d'entrer dans un rêve et d'en maintenir la stabilité des images de la même manière que nous maintenons les images de notre monde normal. Tout en procédant ainsi, il est possible de découvrir dans le rêve notre moi opérant, que Castaneda appelle le « corps énergétique ». C'est un « équivalent fantomatique du corps physique ».

Le corps énergétique correspond à l'autre moi, ou le double. Il se trouve dans la seconde et plus grande partie de notre conscience totale, qui est divisée par le processus de perception en deux étapes qui crée notre conscience de tous les jours. *Rêver* est la manière pratique d'atteindre le double. L'autre moi, ou le corps énergétique, se compose, comme nous le sommes dans la conscience normale, d'énergie. Mais il manque l'accord qui lui permettrait d'avoir de la masse et d'être rattaché à notre monde physique normal.

Castaneda affirmait qu'il lui fallut deux ans de pratique constante pour franchir la première porte de *rêver*, moment à partir duquel il prit conscience de s'endormir, put tenir en place les images dans les rêves, et sa conscience put entrer dans son corps énergétique. Après cela, sa pratique de *rêver* donna lieu à plus d'entraînement pour développer et utiliser le corps énergétique. Elle doit être perfectionnée de telle sorte qu'il parvienne à exercer un certain contrôle sur l'attention de *rêver*, pour l'interrompre et la faire retourner à une conscience normale en cas de besoin.

Le développement et l'utilisation de la capacité de

rêver dépend en définitive de la façon dont nous utilisons notre énergie pendant nos heures d'éveil. Nous avons une quantité fixe d'énergie à notre disposition dans notre être lumineux. À tout moment, quel que soit le niveau auquel nous agissions et nous percevions, nous dépensons toujours toute notre énergie disponible. Nous organisons toute notre énergie de sorte à maintenir notre monde et notre identité en gardant notre point d'assemblage constamment fixé dans une position, à travers nos pensées, nos habitudes et nos actions. Nous ne disposons pas d'énergie supplémentaire, à moins de réorganiser nos habitudes et nos pensées, et de nous débarrasser des obsessions inutiles.

Pour avoir l'énergie disponible pour développer notre corps de *rêver* et explorer les domaines rendus accessibles tout en rêvant, nous devons libérer de l'énergie normalement utilisée pour faire face au monde quotidien, normal, qui accapare notre attention. Si notre conscience normale est saturée d'habitudes, d'émotions fortes et de peurs quant à notre identité profonde, alors quand nous rêvons, notre liberté sera limitée par les symboles de ces peurs et de ces préoccupations. Nous n'aurons pas l'énergie nécessaire pour cultiver la conscience et la volition dans les rêves.

L'énergie doit être libérée en ayant recours à la technique de récapitulation. Lorsqu'un rêveur se trouve dans l'impossibilité de progresser, il doit revenir à la récapitulation, la forme extrême de psychanalyse décrite plus haut. Ils doivent faire resurgir plus de souvenirs de vie au cours desquels leur énergie a été perdue, et de l'énergie étrangère laissée à l'intérieur de leur propre être lumineux. Après un certain temps, ils finiront par éjecter suffisamment de filaments étrangers et par récupérer suffisamment de leur propre énergie perdue pour continuer à nouveau.

Franchir la première porte de *rêver* semble sûr et inoffensif. Toujours est-il que dans ce royaume, nous prenons conscience du fait stupéfiant que nous pouvons être conscient dans le monde de notre attention de *rêver*. Nous pouvons rencontrer notre corps énergétique et apprendre à l'exercer. D'après Matus, nous prenons alors progressivement conscience que parmi la multitude d'objets qui peuplent nos rêves « il existe des interférences réelles et énergétiques, des choses qui ont été mises dans nos rêves par une force extraterrestre ». Ces forces extraterrestres sont là pour interagir avec nous.

Matus disait que « les rêves sont, sinon une porte, une trappe sur d'autres mondes... les rêves sont une rue à double sens ». Notre conscience peut passer à travers cette trappe dans d'autres mondes, et les visiteurs et les émissaires d'autres royaumes peuvent passer à travers la trappe pour nous rencontrer dans l'attention de *rêver*.

Les rêveurs sont encore relativement en sécurité dans la région juste au-delà de la première porte de *rêver*, mais c'est une zone remplie d'éclaireurs et d'explorateurs du monde suivant, qui correspond à la seconde pleine attention. Ils viennent nous rencontrer pour la même raison que nous nous mettons à leur disposition. Nous sommes tous des voyageurs et des explorateurs dans un univers qui veut se connaître. Nous sommes le moyen par lequel l'univers apprend à se connaître.

Dans nos rêves habituels fragmentés, dont on se souvient à moitié, il y a beaucoup d'éléments qui sont simplement des images et des souvenirs de notre vie quotidienne. Il s'y trouve également des objets qui semblent irrationnels ou pas à leur place, mais lorsque nous les explorons plus en profondeur et les analysons, nous réalisons qu'ils sont symboliques des événements de notre vie éveillée. C'est le domaine de travail des psychanalystes. Mais dans nos rêves normaux, il y a également beaucoup d'éléments aléatoires qui n'ont aucun sens et qui ne se rapportent pas à notre vie normale, même symboliquement.

Nous n'en sommes généralement pas conscients, mais pendant les rêves nous sommes assaillis par des visiteurs de l'inconnu. Ces assauts viennent du monde suivant que les rêveurs pénètrent au-delà de la seconde porte. C'est une dimension qui regorgent d'autres êtres énergétiques en tout genre. Certains sont des entités qui habitent aussi notre planète ; d'autres visitent de plus loin. Ils ne viennent pas physiquement à nous, mais ils peuvent projeter leurs corps énergétiques dans l'attention de nos rêves et nous apparaître, tout comme nous pouvons entrer dans nos corps énergétiques et leur apparaître dans l'attention de leurs rêves.

La curiosité de ces éclaireurs à notre égard est perpétuelle. Comme nous, ils sont à la recherche de plus de conscience et d'énergie. Quand nous rêvons, nous entrons dans un monde où des entités extraterrestres peuvent se révéler à nous. Ils envoient des explorateurs à la recherche de rêveurs qui développent leur conscience, et nous en faisons autant.

Lorsque nous nous concentrons sur l'évolution de notre attention de *rêver*, nous exposons notre intention et notre nouvelle conscience augmentée, l'exhibant, et la rendant ainsi accessible à proximité de leur royaume, à la manière d'un appât.

Les entités extraterrestres ne peuvent pas être les premières à initier une rencontre avec nous alors que nous sommes dans l'attention de *rêver* intermédiaire. Nous sommes toujours protégés par nos murs de perception. Ce n'est que lorsque nous établissons le contact qu'ils sont capables de s'impliquer et d'interagir avec nous. Ils nous encouragent à les accompagner dans leur monde de la seconde attention. C'est à nous, et nous seul, qu'il appartient de décider si nous voulons les suivre ou les rejeter.

Au-delà de la première porte de l'attention de *rêver*, mais en deçà de la deuxième, nous sommes toujours protégés par nos barrières normales. Jusqu'à ce que nous franchissions la seconde porte, nous pouvons toujours croire que nous sommes « seulement en train de rêver », mais sous une forme augmentée. Pour autant, même dans ce domaine intermédiaire, le risque d'être soudainement choqué persiste. Une conscience étrangère peut nous effrayer et nous réveiller brutalement, puis nous suivre dans notre monde quotidien « à travers le canal de la peur ». Il est possible que l'énergie étrangère pénètre dans notre monde et se retrouve bloquée, faisant intrusion dans notre vie ; il est également possible que notre corps énergétique pénètre leur royaume et soit piégé ou perdu.

*****

Devenir adepte des techniques de base de *rêver* n'est pas chose facile ; Il fallut plus de deux années de pratique continuelle à Castaneda pour atteindre puis franchir la première porte. Mais franchir la deuxième porte de *rêver*, dans la vaste et dangereuse zone qui s'étend au-delà, peut s'avérer facile. Nous avons juste besoin d'avoir, et d'énoncer à haute voix, l'intention consciente de le faire dans notre rêve.

Traverser la seconde porte de *rêver* implique la capacité de changer de rêve, c'est à dire de changer de monde, sans se réveiller. Cela signifie s'endormir dans un rêve et se réveiller d'un autre. Cela peut également s'accomplir en suivant un éclaireur d'une attention à l'autre juste en exprimant l'intention de le faire.

En traversant cette frontière, le rêveur entre dans une attention beaucoup plus vaste et dangereuse. Dans ce domaine, le rêveur apprend les règles et les coutumes de la sorcellerie de *rêver*. Il rencontre des défis fatidiques à sa rationalité et des mises à l'épreuve inévitables de son intention et de sa concentration. Il ne réalise pas toujours où il est, ni ce qu'il fait.

Selon Castaneda, la zone au-delà de la seconde porte de *rêver* est le royaume où nous commençons à rencontrer les autres types d'êtres sensibles qui partagent notre planète.

Environ les deux tiers de l'énergie à l'intérieur du cocon humain appartiennent au domaine de l'inconnu. L'autre tiers est l'énergie et la conscience auxquelles nous pouvons avoir accès. L'énergie à l'intérieur de la bande humaine est organisée en 48 faisceaux. Nous n'en utilisons que deux pour notre première attention, normale, pour percevoir tous les objets animés et inanimés de notre monde.

Six autres bandes sur les 48 appartiennent à un royaume d'êtres sensibles qui partagent la terre avec nous, et partagent en partie le monde que nous percevons. Certains de ces êtres planent dans nos rêves, cherchant à rentrer en contact avec nous.

Ces êtres ont aussi des enceintes énergétiques avec des points d'assemblage. Nos enceintes sont sphériques, et notre niveau d'énergie brille beaucoup plus intensément. Leurs enceintes énergétiques sont longues et en forme de chandelle, et brillent plus faiblement. Ils voient plus que nous, car leur forme plus allongée est en contact avec une plus grande variété d'énergie universelle que notre sphère, mais ils voient avec une lumière plus faible.

Le nombre total de ces êtres inorganiques est inférieur au nombre total d'êtres organiques que nous percevons normalement dans nos deux bandes ordinaires. Mais la variété des types est plus élevée étant donné qu'ils occupent six bandes et nous deux. Ils diffèrent de nous en ce sens qu'ils sont conscients, mais ils n'ont pas d'organismes. Leur durée de vie est infiniment plus longue que la nôtre ; Matus croyait que leur durée de vie restante correspondait à celle de la Terre. En outre, leur niveau d'énergie est beaucoup plus faible. Ils sont vivants depuis des éternités, et vivront encore pendant des éternités, tandis que nos vies sont beaucoup plus courtes, mais aussi beaucoup plus intenses.

Ils vivent une existence stationnaire, comme des arbres enracinés à un endroit depuis des temps immémoriaux. Dans leur première attention, ces êtres sans corps et dépourvus de processus organiques vivent comme des objets stationnaires. Puisqu'ils sont stationnaires dans leur première attention, ils ont surdéveloppé leur seconde attention, dont ils sont passés experts dans l'utilisation. Ils ont des corps énergétiques comme nous, qui ne sont pas raccordés au monde de leur première attention.

Sur les 48 faisceaux d'énergie consciente dans nos cocons, seulement deux appartiennent à notre monde normal, tandis que six appartiennent au monde de ces êtres inorganiques. Leur conscience du monde est partiellement connectée à la nôtre, comme un miroir insonorisé à sens unique. Ils nous observent, enviant notre niveau d'énergie, mais ils ne peuvent pas nous contacter de leur propre gré. Nous ne sommes habituellement pas conscients de leur présence, bien que nous la ressentions parfois.

Au-delà des six bandes qui composent le monde de ces êtres partenaires inorganiques, il existe encore 40 faisceaux qui, combinés, contiennent au moins 600 autres mondes. Pour que les explorateurs humains de la conscience visitent ces nombreux mondes, ils doivent d'abord traverser le monde des êtres inorganiques, recevant ainsi un regain d'énergie de ce royaume nécessaire pour davantage de voyages dans la conscience.

*****

Une fois que nous entrons dans la seconde attention, nous sommes obligés d'interagir avec ces êtres. Si nous les suivons dans leur monde, ils nous apparaissent « très semblables à une éponge géante » :

« La première de ses actions fut de me propulser au travers d'une immense caverne, ou d'une ouverture, dans la masse qui était devant moi. Une fois entré dans cette masse, je m'aperçus que l'intérieur était, de façon homogène, tout aussi poreux que son extérieur, mais d'apparence bien plus douce, comme si la rugosité avait été passée à la ponceuse. Ce que j'observais maintenant était une structure qui ressemblait à un agrandissement de l'intérieur d'une ruche. Il y avait une infinité de tunnels de forme géométrique allant dans toutes les directions [...] Les tunnels me semblèrent vivants et conscients ; ils grésillaient ».

Les êtres inorganiques sont immobiles, mais ont une conscience beaucoup plus sophistiquée que la nôtre compte tenu qu'ils sont beaucoup plus âgés. Étant immobiles et infiniment expérimentés, ils cherchent à influencer les choses qui les entourent et convoitent les niveaux d'énergie supérieurs des humains.

Quand un rêveur est dans l'attention de *rêver*, il se trouve dans le royaume où les entités inorganiques de notre terre opèrent dans leur seconde attention. Ils utilisent leurs corps énergétiques pour créer des projections lorsque les rêveurs apparaissent dans leur royaume. Les êtres inorganiques cherchent des rêveurs et, pour l'essentiel, essayent de les capturer. Ils ne peuvent pas forcer un rêveur à faire quoi que ce soit et ils ne peuvent pas mentir. Mais ils peuvent lire beaucoup des sentiments les plus intimes du rêveur, et créer des images et des projections pour attirer ou effrayer.

Ils obtiennent notre attention en projetant des images dans notre seconde attention car ils veulent interagir avec nous. Leur motivation est d'interagir avec nous, et quand nous devenons des rêveurs dans un autre royaume, nous faisons également la demande d'une conscience augmentée. Nous devenons avidement sociaux, recherchant des individus et des groupes de conscience étrangère.

Comparé à eux, nous sommes comme de petits enfants avec beaucoup d'énergie mais pas de sophistication. Ils savent que nous sommes vulnérables, et de par leurs vastes connaissances et leur longue histoire de vie sur notre planète, ils peuvent facilement nous manipuler par la curiosité, le plaisir ou la peur. Ils veulent nous inciter à entrer dans leur monde et s'y installer volontairement.

La décision de rester dans ce monde doit être prise volontairement par le rêveur. Une fois prise, elle est irréversible, et le rêveur est alors emprisonné dans ce monde. Cela signifie qu'il meurt dans sa conscience normale et devient un être inorganique désincarné vivant une vie infiniment longue dans ce royaume.

Don Juan qualifiait les êtres inorganiques, et la façon dont notre conscience interagit avec la leur, de diabolique. Mais il ne pouvait rien faire pour aider Castaneda à prendre sa décision sur ce qu'il devait faire dans leur royaume. En tant que rêveur, Castaneda avait besoin de leur instruction pour développer ses pratiques de *rêver* ainsi que de leur énergie pour d'avantage de voyages dans la conscience vers les zones plus exaltantes et périlleuses au-delà de leur royaume. Il devait décider de son propre chef d'accepter ou de rejeter l'offre de sanctuaire qu'ils font à tous les rêveurs.

Encore plus diabolique, les rêveurs se voient enseignés et assistés par les êtres inorganiques. Dès qu'un rêveur développe une certaine compétence, il rencontre une « voix de l'émissaire de *rêver* » qui l'informe et l'enseigne. Cette voix vient d'un être inorganique, et s'avère très utile, informative et honnête. Depuis les temps anciens, cette voix des rêves enseigne aux humains comment naviguer dans la seconde attention.

Don Juan essaya d'enseigner à Castaneda comment gérer les informations apparemment inestimables communiquées par la voix inorganique. En fait, la voix ne peut révéler que des informations que le rêveur a déjà stockées dans sa seconde attention. Nous sommes attirés par les êtres inorganiques du fait de leur « superbe conscience ». Ils semblent connaître nos pensées et nos besoins les plus profonds parce qu'ils sont infiniment plus âgés et expérimentés. Dans le même temps, ils ont un intérêt à entrer en contact avec nous.

Chaque rêveur doit traverser ce domaine et prendre une décision individuelle et définitive en réponse à l'appel du monde inorganique. Une fois qu'un rêveur a pris sa décision, entièrement de son propre gré, de rejeter leur proposition, il est alors libre de passer à la très exaltante, mais néanmoins dangereuse, seconde attention. Si d'aventure il exprime son désir de rester dans leur royaume et de vivre une vie infiniment longue, il entre dans un monde sûr et cloturé ; sa décision est définitive et il ne peut jamais s'en aller.

L'attrait ultime des êtres inorganiques réside dans le fait que leur monde est comme un refuge pour les humains qui voyagent dans la seconde attention. Les mondes au-delà du royaume inorganique nous sont encore plus prédateurs et hostiles que ne l'est le nôtre. Les gains de conscience ne sont réalisés qu'après des luttes de vie ou de mort dans des royaumes inconnus. Notre monde partenaire des êtres inorganiques est un endroit sûr.

En fait, notre monde partenaire, toujours là à proximité de nous derrière son miroir à sens unique, est la demeure ultime des anciens sorciers. Selon Matus, les sorciers de l'Antiquité étaient devenus trop impliqués avec les êtres inorganiques et la voix de *rêver*. Ils supposaient que ces êtres travaillaient dans leur intérêt, les aidant à exercer un pouvoir sur leurs semblables.

Ce sont les êtres inorganiques et leurs projections qui avaient enseigné à l'humanité le point d'assemblage et la façon de le manipuler, à travers leur relation avec les anciens sorciers. Les anciens sorciers prenaient ces projections pour des aides ou des protecteurs, et les désignaient comme leurs alliés. En fin de compte, Matus révéla à Castaneda que « chaque sorcier de l'antiquité devenait inévitablement la proie des êtres inorganiques. Après les avoir capturés, les êtres inorganiques leur accordaient le pouvoir de devenir des intermédiaires entre notre monde et leur royaume, celui que les gens nommaient le monde-d'en-bas. »

Don Juan Matus expliqua à Castaneda qu'après des années d'exploration au-delà du royaume des alliés, il ressentait maintenant de la répulsion envers les anciens sorciers et les êtres inorganiques, qu'il appelait « nos cousins germains ». « L'énergie de nos cousins germains est une entrave », déclara don Juan. « Ils sont aussi dégénérés que nous le sommes. »

Castaneda savait que s'il devait être l'un des nouveaux voyants, il devait d'abord retracer les pas faits par les anciens sorciers, mais ensuite, à un certain point, emprunter un chemin différent pour chercher la liberté. Matus l'avertit à plusieurs reprises qu'il avait remarqué que Castaneda avait d'énormes affinités avec les vieux sorciers et les êtres inorganiques. En fin de compte, malgré les avertissements de Matus, Castaneda succomba à l'attrait du monde des êtres inorganiques et fut capturé.

Castaneda poursuivit une longue entreprise de séduction avec cet autre monde, qu'il garda secret de Matus. Pour finir, Castaneda fut appâté avec l'image d'un enfant emprisonné, sans défense et innocent, aussi appelé l' « éclaireur bleu ». Prenant l'appât, Castaneda disparut dans ce monde pour sauver l'enfant fantôme. Cela aurait dû marquer la fin de son histoire, mais Don Juan et ses cohortes le trouvèrent et le sauvèrent, et le ramenèrent au Mexique ; l'éclaireur bleu faisant le voyage à ses côtés.

Castaneda était à présent totalement épuisé et dut se reposer au lit pendant des mois, tandis que Matus et les autres sorciers lui faisaient un compte rendu des événements et l'aidaient à se rétablir. Ils furent choqués d'entendre son histoire ; d'après don Juan et ses compagnons, Castaneda avait en quelque sorte visité une zone du domaine inorganique connue depuis l'antiquité, mais jamais visitée auparavant par aucun d'entre eux. Non seulement cela, mais aucune des anciennes histoires des sorciers ne mentionnait se rendre dans cette région non plus. L'histoire de Castaneda au sujet de sa capture et de son sauvetage dans le XXe siècle appartenait désormais au folklore des anciens sorciers.

****

L'étape suivante de l'entraînement de Castaneda était de franchir la troisième porte de *rêver*. Cela impliquait de fusionner deux réalités : la réalité de *rêver* et celle du monde ordinaire. Le moment de s'endormir agit généralement comme une barrière efficace entre la conscience éveillée et la conscience de *rêver*. Notre conscience éveillée est normale et prévisible, tandis que celle des rêves est inhabituelle et imprévisible. Normalement, il est assez rare pour quelqu'un de se trouver dans un état où il n'est pas sûr s'il est éveillé ou dans un rêve.

Après des années d'entraînement, cependant, le corps rêveur de Castaneda pouvait désormais se déplacer à volonté. Il changeait de monde à plusieurs reprises tout en rêvant, et fini par s'apercevoir que les éléments de ses rêves existaient dans son monde quotidien. Il était dans une position dans laquelle il ne savait pas toujours s'il se trouvait dans une conscience normale, dans un rêve normal ou dans un monde rêvé dangereux et inconnu.

Avec les éclaireurs des autres royaumes le traquant, prêt à l'emmener vers des royaumes inconnus, et les êtres inorganiques essayant de le ramener dans leur monde, il devenait impératif que Castaneda sache toujours ce à quoi il était confronté. Il devait savoir si un être qu'il rencontrait n'était qu'un voisin de palier ou une puissance inconnue d'un autre royaume susceptible de l'attaquer sans raison, comme il pourrait tuer un insecte détalant sur son bureau.

Certains diront que nous sommes bloqués dans notre monde de la vie ordinaire, avec notre point d'assemblage si farouchement cramponné à un endroit que nous sommes incapables de nous rappeler que nous venons d'ailleurs avec un but. De même, les rêveurs et les sorciers peuvent se promener à travers les mondes et oublier d'où ils viennent et pourquoi. Matus racontait des histoires de certains comparses qui s'étaient rendues dans d'autres mondes sombres et effrayants où ils s'étaient échoués, apparemment pendant des décennies, et qui étaient ensuite retournés dans ce monde où ils avaient appris qu'ils étaient, en réalité, partis depuis seulement quelques jours. Comme Castaneda dans le monde des êtres inorganiques, les rêveurs peuvent basculer, intentionnellement ou accidentellement, dans de nombreuses situations, qui peuvent s'avérer pire que la mort.

Dans toute l'œuvre de Castaneda, on trouve des images sombres de sorciers ou d'aspirant sorciers qui furent piégés dans une très longue, voire interminable, agonie. Cela s'était produit soit à travers leurs propres quêtes égoïstes, soit parce qu'ils avaient été abusés par d'autres.

Selon Juan Matus, les sorciers à travers les âges ont tenté de découvrir des moyens de prolonger la vie et d'étendre leur conscience, avec certains des résultats morbides décrits par Castaneda. Peu de ceux décrits semblent être des réalisations positives, et la plupart paraissent pire que la mort. Différents types de « défieurs de la mort », sans succès, apparaissent dans l'œuvre de Castaneda.

Ces courants dangereux et confus prirent de l'ampleur à mesure que Castaneda approchait de la quatrième porte de *rêver*, ce qui conduisit au dernier épisode *de L'Art de rêver* ; qui allait être la dernière histoire d'apprentissage racontée par Castaneda au Mexique.

Après avoir franchi la quatrième porte de *rêver*, le corps énergétique peut se rendre à des endroits spécifiques pré-sélectionnés, soit dans un monde réel, soit dans l'intention des autres. En d'autres termes, il est possible d'être envoyé quelque-part par quelqu'un d'autre. Matus affirmait que voyager à un endroit défini par l'intention de quelqu'un d'autre est à la fois l'exercice onirique le plus difficile et le plus dangereux. C'était aussi « de loin, la prédilection des vieux sorciers ».

Matus révéla que l'un des passe-temps favoris des

vieux sorciers primitifs était en effet de vendre leurs apprentis en esclavage dans un autre royaume en échange de pouvoir ou d'énergie. Au moment où l'apprenti atteignait le stade où il pouvait voyager dans l'intention de quelqu'un d'autre, son professeur pouvait alors le manipuler dans un domaine que le professeur connaissait et le laisser là, coincé dans l'inconnu. Les anciens sorciers étaient connus pour déplacer des groupes entiers de personnes dans d'autres mondes.

Lors d'un autre épisode clé de l'apprentissage de Castaneda, il rencontra un vieux sorcier qui vivait depuis des temps immémoriaux, sans doute des milliers d'années. Ce vieux sorcier était connu comme « le défieur de la mort ». Comme tous les anciens sorciers, il avait été piégé dans le monde des êtres inorganiques, mais il avait trouvé un moyen de conserver son existence prolongée en tant qu'être inorganique sans être emprisonné dans leur royaume. Il s'était échappé de ce royaume en changeant son genre en féminin. Selon Castaneda, dans la seconde attention, l'univers est principalement féminin, et en raison de sa rareté, l'élément masculin est valorisé. Mais le genre est une position du point d'assemblage, et il est donc concevable qu'un sorcier mâle puisse se changer en femme en trouvant la bonne position.

Cet ancien sorcier était devenu un membre de la lignée de don Juan en retournant à la même église au Mexique dans chaque génération de sorciers pour contraindre le sorcier en chef à négocier : de l'énergie pour le défieur de la mort en échange de connaissances pour le sorcier et ses cohortes. Pendant des milliers d'années, ce sorcier de l'antiquité avait été témoin des temps anciens sur terre, ainsi que des contrées lointaines de l'univers, et elle avait donc beaucoup de secrets à révéler.

En tant que leader de la nouvelle génération, Castaneda dût rencontrer l'ancien sorcier, connu aussi comme « la femme dans l'église ». Dans un geste de fausse générosité, il refusa de recevoir des cadeaux de sa part. Il déclara qu'il voulait seulement être promené dans la ville de don Juan, telle qu'elle était il y a 300 ans quand le « défieur de la mort » avait contacté leur lignée.

Parce qu'elle avait passé presque une éternité à vivre dans cette région, elle avait une image claire de la place du village, de l'église, des rues et des maisons telles qu'elles étaient il y a des centaines d'années. Une fois que Castaneda eut franchi la quatrième porte de *rêver*, il put dès lors faire une promenade avec elle dans cette ville telle qu'elle existait dans sa mémoire, et c'est ce qu'il fit.

Lors du voyage retour de l'image passée de la ville, la femme prit son cadeau, la contrepartie à laquelle elle avait encore droit, de Castaneda, sans l'annoncer. Elle l'emmena en visite à un autre endroit. Elle leurra Castaneda en lui faisant croire qu'elle l'avait simplement ramené dans la vraie ville d'où ils étaient partis dans la conscience normale, alors qu'en réalité, elle continuait à l'escorter dans sa propre mémoire. Dans cet état, elle parvint à amener l'une des nouvelles cohortes de Castaneda, une femme nommée Carol Tiggs, dans le rêve avec eux et la kidnappa réellement.

Présumant qu'il était parti depuis deux jours et une nuit, Castaneda se réveilla de cette aventure et trouva don Juan et ses cohortes qui l'attendaient. Ils l'informèrent gravement qu'il avait disparu depuis neuf jours, pas deux. Quand il raconta son histoire, ils conclurent que le «

défieur de la mort » avait réussi à emmener Carol avec elle pour participer à son destin – dans l'espoir d'entrer dans la troisième attention avec Castaneda et son parti.

On expliqua à Castaneda qu'il avait de nouveau réussi à se plonger dans des royaumes de *rêver* et de sorcellerie jusqu'alors méconnus de Matus et de sa lignée. Castaneda avait encore ajouté un chapitre sans précédent des temps modernes dans les comptes des anciens sorciers du Mexique.

12

REDESCENTE À LOS ANGELES

L'histoire de Castaneda au sujet de sa captivité et de son sauvetage subséquent de ses explorations pionnières de la seconde attention est encore une autre de ces dissonances frappantes qui jalonnent sa chronologie. Au cours de cette rétrospective de son œuvre, nous avons d'abord examiné le stade psychédélique. Suivi par l'étape du guerrier rencontrant son double et bondissant dans l'inconnu. Puis, il retourna au Mexique et mit en place le mythe des anciens sorciers. Pour finir par se perdre et se retrouver à travers d'effrayants voyages oniriques. Maintenant, nous découvrons qu'il utilisa ces derniers épisodes de *rêver* comme une trappe pour se catapulter avec un nouveau groupe d'apprentis dans un autre royaume : Los Angeles.

Les limites s'effondrant à l'intérieur et autour de lui, Castaneda réorganisa à nouveau sa troupe de personnages et remania sa propre histoire, lui le célèbre apprenti sorcier. Tout devenait à présent le point de départ et l'introduction de la prochaine et dernière étape de son histoire personnelle dans son lieu favori tout monde confondu : Los Angeles.

À ce stade, pour la plupart des lecteurs, Castaneda avait poussé sa métaphore trop loin, et elle commençait à se dé-filer tant elle était complexe. Maintenir que Castaneda a réellement vécu toutes ces aventures avec don Juan et les troupes changeantes d'apprentis, et qu'il soit malgré tout parvenu à retomber sur ses pattes en tant qu'homme célèbre et riche à Los Angeles entouré d'un harem de femmes somptueuses et puissantes ainsi qu'une foule de disciples s'extasiant de ses moindres paroles devient trop difficile à croire.

Rétrospectivement, le scénario le plus probable de ce qui s'est passé serait le suivant : Castaneda écrivit son premier livre dans les années soixante pour commencer son doctorat à UCLA et s'établir comme anthropologue. Il avait accès à des informations originales issues d'une tradition religieuse et de sorcellerie dont le dogme lui permit de comprendre les concepts de la première et de la seconde attentions.

Cette tradition était commune dans de vastes régions du monde dans les temps anciens. Il y aurait eu de nombreux comptes rendus écrits et oraux définissant les préceptes de cette proto-religion et relatant les histoires de ses saints et de ses disciples. Ces récits auraient été sévèrement réprimés pendant l'Inquisition, si bien que tout ce qui eût subsisté serait resté secret. Ces informations originales auraient pu être des traités formels sur les préceptes religieux, ou des journaux ou des mythes décrivant les activités de héros réels ou mythologiques de cette tradition. L'originalité et l'efficacité de Castaneda a représenter les activités des personnages du XVIIIe et du XIXe siècle dans la lignée de Juan Matus pourraient situer l'origine de ses sources à cette époque.

Castaneda aurait pu prendre cette décision fatidique en écrivant le premier livre, pour frauder UCLA en s'insérant dans l'histoire qu'il avait trouvée. Il aurait pu inventer le personnage de don Juan sur la base des informations que lui avaient données les anthropologues avec qui il avait parlé à UCLA en tant qu'étudiant de première année. Et il se serait ensuite attribué le rôle de l'apprenti.

Peut-être, avait-il prévu que son premier livre, *L'Herbe du diable et la Petite Fumée,* serait distribué et débattu entre anthropologues dans des revues académiques uniquement, et qu'il aurait été suffisant pour aboutir à un futur doctorat et une carrière en tant que professeur d'anthropologie. Au lieu de cela, le livre rencontra un grand succès populaire et devint un best-seller mondial, à tel point qu'un tout nouveau monde de possibilités, à la fois lucratives et semées d'embûches, s'ouvrit à lui.

Une fois qu'il fut clair pour Castaneda que le premier livre lui valait des récompenses littéraires et financières, quel mal pouvait-il y avoir à en écrire quelques autres ? Il se pourrait que la possibilité de transformer l'histoire de don Juan le sorcier en un mythe épique des temps anciens ayant subsisté jusqu'au XXe siècle soit peu à peu venu à l'esprit de Castaneda.

Il aurait pu composer les trois premiers livres en se basant seulement sur des entrevues avec des informateurs locaux au Mexique qui connaissaient quelques vieilles histoires. Une fois qu'il eut pris connaissance des philosophies du double et de la seconde attention, des possibilités infinies de narration se serait alors ouvertes à lui. Dans ce scénario, sa supercherie se serait élargie et approfondie jusqu'à devenir trop encombrante à mesure qu'elle s'entremêlait de façon inextricable avec sa vie personnelle aux Etats-Unis.

En même temps, dans ce scénario, force est d'admettre que son accomplissement littéraire est pour le moins remarquable. Et faire publier les livres de Florinda Grau Donner et de Taisha Abelar en 1991 et 1992 parallèlement à sa carrière toujours prospère relevait du génie.

*****

Dans l'introduction à *L'Art de rêver* (1993), Castaneda mentionnait trois nouveaux apprentis sorciers, femmes, comme étant ses nouveaux partenaires, et promettait d'écrire plus tard au sujet de leurs aventures et préoccupations. En d'autres termes, il affirmait qu'il y avait un deuxième groupe de condisciples qui l'avait rejoint lui et Don Juan, approximativement entre 1970 et 1973, sans doute après que le premier groupe d'apprentis soit devenu inopérant. Cette logique est difficile à concilier avec ses écrits antérieurs, mais plausible. Ce nouveau groupe ne comptait que trois femmes.

Ce qui sous-entend qu'il a seulement dû rencontrer les membres de ce groupe dans la seconde attention avant 1973. Cela signifierait qu'il n'en avait aucun souvenir jusqu'à ce qu'elles réapparaissent peu à peu dans sa première attention plus d'une décennie plus tard. Il refit connaissance avec elles à diverses reprises entre 1981, quand il mentionna l'une d'entre elles brièvement, et 1993, quand il les présenta toutes les trois dans *L'Art de rêver*.

La première était Carol Tiggs, qu'il appelait aussi la « femme nagual ». Elle était désignée comme l'homologue féminine de Castaneda et co-leader des sorciers de sa génération. Juan Matus l'aurait recrutée à Tucson, en Arizona, peu de temps après avoir fait la rencontre de Castaneda. Elle travaillait dans un bureau gouvernemental où Matus était allé faire traiter certains documents. Il prétendit être un natif amérindien désemparé confus par la bureaucratie, et lui rendit visite à plusieurs reprises pendant trois mois jusqu'à ce qu'il parvienne à la convaincre par la ruse de visiter sa maison.

En tant que femme Nagual, elle aurait dû quitter le monde avec Matus et son groupe en 1973, mais cela n'eut pas lieu. La nouvelle histoire prétend qu'avant que cela ne puisse se produire, elle se mêla aux aventures de *rêver* de Castaneda, à la fois dans le royaume inorganique et ensuite avec l'ancien sorcier qu'on présentait comme « la femme dans l'église ». Au lieu de suivre Matus et ses cohortes, Tiggs disparut avec le sorcier.

Les deux autres nouvelles venues étaient Taisha Abelar et Florinda Grau. Elle ne furent jamais dûment présentées dans les livres de Castaneda. Au lieu de cela, elles écrivirent le leur.

L'histoire de Castaneda selon laquelle il était un apprenti sorcier moderne se trouvait dès lors enrichie, réaffirmée et développée non pas par un, mais deux autres auteurs. Elles se présentaient toutes deux comme des personnages sur un chemin parallèle à celui de Castaneda, et dans leurs interprétations, tous les acteurs se rencontrent et interagissent sur plusieurs niveaux de conscience. Pour Castaneda l'écrivain, on ne peut qualifier cela que de triomphe littéraire.

Castaneda, Grau et Abelar tentèrent tous d'orienter ces trois versions de l'histoire à travers une trappe donnant sur le monde historique contemporain. Ils se retrouvèrent tous à Los Angeles. Ils montèrent également une entreprise et recrutèrent de nouveaux adeptes. Avec les lecteurs des deux décennies précédentes, tout le monde s'efforça de comprendre et d'accepter la nouvelle version, ce qui donna inévitablement lieu à des contradictions.

La justification de Castaneda quant à l'introduction des nouveaux apprentis, Grau et Abelar, si tard, en 1993, devait être fondé sur l'affirmation qu'ils avaient été ensemble entre 1970 et 1973. Ils avaient interagi uniquement dans la seconde attention, et, par conséquent, ne se souvenaient plus les uns des autres.

Mais Grau prétendit qu'elle avait rendu visite à Castaneda à Los Angeles d'innombrables fois, qu'elle avait fait des allers retours en voiture avec lui entre le Mexique et Los Angeles à plusieurs reprises, et qu'elle avait les clés de son logement, en 1973. Accomplissaient-ils le trajet de trois jours de Los Angeles au Mexique dans la seconde attention ? Nous apprîmes plus tard qu'immédiatement après son saut de la falaise en 1973, Castaneda était retourné à son appartement à UCLA. Pourquoi Grau et lui ne se s'étaient-ils pas retrouvés chez lui à Los Angeles pendant toutes ces années après 1973, alors qu'il était au sommet de la gloire et qu'elle avait les clés de chez lui ?

Florinda Grau, connue plus tard sous le nom de Florinda Donner, était une Allemande qui avait grandi en Amérique du Sud. Elle prétendait dans son livre *Being-in-Dreaming* (1991) qu'elle avait été emmenée vivre plusieurs mois dans la maison de Juan Matus au centre du Mexique avec son groupe de vieux sorciers. C'était en 1970, alors qu'elle était à UCLA, mais avant qu'elle ne sache quoi que ce soit au sujet de Carlos Castaneda.

Elle affirmait qu'elle avait d'abord été en contact avec Castaneda, sans le savoir, dans une scène mise en place par Matus. Il glissa intentionnellement un insecte mort sur son hamburger dans un café à Tucson pour créer une confrontation entre elle et Castaneda, qui se faisait passer pour le cuisinier nommé Joe Cortez. Un an plus tard, en 1971, elle le rencontra à nouveau sous le nom de Joe Cortez alors qu'elle errait dans le brouillard dans les montagnes près de Los Angeles. Par la suite, elle se rendit à une conférence de Carlos Castaneda sur le campus de UCLA. Elle le vit sur scène, le reconnut et se rendit dans les coulisses pour le rencontrer.

Castaneda soupçonnait qu'il y avait entre eux un lien extraordinaire. Il l'invita à l'accompagner à la maison des sorciers au Mexique, sans savoir qu'elle y avait déjà été. Quand ils arrivèrent, ses retrouvailles avec le groupe des sorciers fut joviales. Elle rejoignit le cycle d'apprentissage de la génération de Castaneda, avec lui pour leader. D'après Grau, Castaneda utilisait beaucoup d'alias, dans le cadre de sa tentative d'être ce que Matus appelait un « traqueur » : outre Joe Cortez, il était également connu sous le nom de Charlie Spider et Isidoro Baltazar.

Grau disait qu'elle avait été instruite principalement par les membres féminins de la génération plus âgée. Sa formation de sorcier différait de celle de Castaneda. En tant que femme, elle était automatiquement beaucoup plus fluide dans la pratique de *rêver*. Son apprentissage se concentrait sur l'utilisation de l'utérus comme locus principal du pouvoir et de l'intelligence. Elle affirmait ne pas sembler avoir besoin d'endurer les années de doute et d'interrogation, de tromperie et de cajolerie qui caractérisèrent l'entraînement de Castaneda. À bien des niveaux, *rêver* lui vint naturellement. D'autre part, ses écrits mentionnaient à peine les philosophies sous-jacentes de l'être lumineux et du point d'assemblage.

Castaneda affirmait que la principale différence entre les hommes et les femmes apprentis était que « Les guerriers mâles doivent être mus par des raisons graves pour se risquer sans crainte dans l'inconnu. Les guerriers femelles ne sont pas sujets à ce besoin et peuvent entrer sans hésitation, à condition d'avoir une confiance totale en la personne qui les fait entrer. » On peut également expliquer cela par le fait que les hommes font preuve de plus de sobriété et ont un sens du devoir plus développé, tandis que les femmes ont plus de talent pur et d'intensité.

Grau prétendait qu'elle se rendit avec Castaneda au Mexique lors de son dernier voyage pour voir Matus le jour où l'on informa Castaneda que les vieux sorciers était sur le point de quitter ce monde. Ils y allèrent ensemble, mais elle resta à la maison du groupe de sorciers alors que Castaneda continua jusqu'au plateau où il sauta de la falaise. Il ne retourna jamais la chercher ; on la laissa avec plusieurs des vieux sorciers qui restèrent en retrait.

Le livre d'Abelar, *Le passage des* sorciers, fut publié en 1992, un an après le livre de Grau. Abelar déclarait que don Juan Matus l'avait découverte en 1960 à Tucson alors qu'elle n'avait que 15 ans. Cherchant les toilettes des hommes dans un cinéma drive-in, Matus entra accidentellement dans la zone du personnel et interrompit Abelar alors qu'elle était sur le point d'avoir des relations sexuelles avec un autre employé. Il fut tellement choqué par l'improbabilité de cette rencontre qu'il la considéra comme un présage. Il ordonna à ses cohortes femmes de la suivre au fil des ans jusqu'à ce que l'une d'entre elles finisse par venir la chercher et l'emmener au Mexique.

Abelar passa des années à vivre dans la maison des sorciers avec deux professeurs, un gardien et un gros chien nommé Manfred qui était aussi un sorcier (le même chien qui aida dona Soledad à piéger Castaneda). Elle rencontra Juan Matus au Mexique à plusieurs reprises.

L'entraînement d'Abelar comprenait essentiellement la récapitulation, cette technique de remémoration par laquelle les souvenirs sont examinés dans la première attention tandis qu'un exercice de respiration profonde nettoie les résidus énergétiques des interactions mémorisées. On lui enseigna également les « passes magiques », des mouvements physiques conçus pour rediriger l'énergie dans le corps et le double.

Pendant la majeure partie de sa formation, elle dormit dans une cabane dans les arbres (avec un paratonnerre pour la protéger) et passa de nombreuses journées suspendues à des branches situées en hauteur dans des harnais élaborés. Abelar fut informée de qui était Castaneda, le « nouveau nagual », mais ne le rencontra jamais. Elle l'aperçut de loin une fois avec le groupe complet de Matus.

Elle déclara : « Quatre des hommes étaient plus âgés et avaient l'air aussi féroce que le nagual, mais l'un était jeune. Il avait un teint sombre ; il était petit et semblait très fort. Ses cheveux étaient noirs, bouclés. Il gesticulait d'une manière agitée pendant qu'il parlait, et son visage était énergique, très expressif. Il y avait quelque chose chez lui qui le distinguait de tous les autres. Mon cœur bondit et je fus immédiatement attiré par lui. »

*****

Après *L'Art de rêver,* cinq ans s'écoulèrent sans livres, avant la sortie de *Passes magiques* en 1998. Dans l'introduction de ce livre, Castaneda affirmait qu'il avait accepté son destin qu'il n'était pas capable de continuer et de transmettre la lignée de don Juan. Après 27 générations, la lignée de Matus se terminait avec lui. Étant donné que Castaneda n'allait pas transmettre la connaissance à un groupe secret de nouveaux sorciers, il décida que sa tâche consisterait plutôt à trouver des moyens publics de la disséminer.

Castaneda avait écrit neuf livres jusqu'à présent. Il avait fini de se souvenir de tous les enseignements qu'il était capable d'appréhender et les avait décrits par écrit. Mais une pièce manquait : les *Passes magiques,* les derniers secrets qu'il portait. Il décida de prendre ce dernier fragment de connaissance ésotérique et de le formuler sous la forme d'une collection moderne d'exercices d'arts martiaux, le tout commercialiser sous un nom de marque : la Tensegrité.

Castaneda expliquait que les passes magiques n'avaient pas été inventées, mais découvertes par les sorciers de l'Antiquité. Il prétendait que « pendant qu'ils étaient dans des états de conscience accrue, leurs corps se déplaçaient involontairement de certaines manières, et que ces certaines manières... provoquaient... une sensation inhabituelle de plénitude physique et morale ». Don Juan estimait que ces mouvements étaient en quelque sorte « un héritage caché de l'humanité » laissé dans nos corps et à découvrir en vue de soulager les contraintes extrêmes du chemin du guerrier tout en contribuant à la souplesse et à la solidité du corps.

Castaneda disait que Matus lui avait appris que le corps comporte six principaux centres de vitalité. La contrainte et le stress de la vie quotidienne éloignent l'énergie de ces centres. L'énergie inutilisée se rassemble à la périphérie de la sphère lumineuse, où elle durcit et se transforme en coquille. Effectuer les passes magiques brise cette énergie incrustée et la redistribue aux centres de vitalité du corps.

Les six principaux centres de vitalité sont classés par ordre d'importance : la zone du foie et de la vésicule biliaire ; le pancréas et la rate ; les reins et les glandes surrénales ; le point creux devant le cou ; l'utérus ; et le haut de la tête.

Castaneda prétendait que le centre énergétique au sommet de la tête avait été absorbé par une puissance étrangère et qu'une énergie étrangère se trouvait à l'intérieur. « Ce sixième centre d'énergie n'appartient pas tout à fait à l'homme, dit-il. Vois-tu, nous autres humains, nous sommes comme qui dirait assiégés. Ce centre a été pris d'assaut par un envahisseur, un prédateur invisible. Et le seul moyen que nous avons de le vaincre, c'est de fortifier tous les autres centres. »

Une fois les nouvelles apprenties présentées, plus jamais ne voit-on l'ancien Castaneda-apprenti. L'élève qui prenait des notes, qui doutait, qui remettait en question, qui ne voyait pas, qui était effrayé et confus, et qui servait de faire valoir à Juan Matus et à Genaro Flores dans les premiers livres, n'est plus. Castaneda est désormais le « jeune nagual », le leader de la nouvelle génération. Quant à ses adeptes, de vieux mots descriptifs comme étudiant, cohorte et apprenti sont à présent, souvent, remplacés par un nouveau mot : disciple.

13

UNE CONCLUSION YAQUI

D'après Matus, sa civilisation indienne natale Yaqui, après plusieurs siècles d'oppression, avait été réduite à un vestige de ce qu'elle fut jadis. De petits groupes de survivants, maintenus sur des avant-postes séparés dispersés à travers le désert de Sonora en Arizona et dans le nord du Mexique. Ayant perdu leur terre aux Mexicains, et leur mode de vie à la conquête espagnole, Don Juan disait qu'il ne leur restait plus que leur colère et leur auto-apitoiement.

Castaneda tenta à plusieurs reprises d'entrer dans une ville Yaqui, mais « avait été forcée de rebrousser chemin de par l'hostilité même des gens qui vivaient aux alentours ». Les banquiers du gouvernement étaient les seuls étrangers normalement admis en ville parce qu'ils achetaient toutes les récoltes des fermiers Yaqui.

Don Juan emmena une fois Castaneda dans cette ville alors qu'il était dans la seconde attention. Bien qu'il ne pût pas parler Yaqui, son impression était qu'il avait reçu de leur part un message clair :

« *Ces gens étaient effectivement belliqueux. Leurs propositions étaient des propositions de lutte, de guerre, de stratégie. Ils mesuraient leur force, leurs ressources de frappe et déploraient le fait qu'ils n'avaient pas le pouvoir d'infliger leurs coups. J'ai enregistré dans mon corps l'angoisse de leur impuissance. Tout ce qu'ils avaient, c'étaient des bâtons et des pierres pour combattre des armes de haute technologie. Ils déploraient le fait qu'ils n'avaient pas de leaders. Ils aspiraient, plus que tout ce que l'on pouvait imaginer, à l'ascension d'un combattant charismatique qui pourrait les galvaniser.* »

Juan Matus disait que la défaite et l'humiliation de sa tribu, les Yaquis, était symptomatique de la condition humaine fondamentale de notre époque. Nous nous sentons vaincus, humiliés et rendus impuissants par une force extérieure monstrueuse qui gouverne et ruine nos vies. C'est la seule chose qui fédère l'humanité, selon Matus, et que nous avons tous en commun. Tous les humains ont ce même sentiment d'indignation, d'offense, d'auto-apitoiement et d'injustice – même les milliardaires et les présidents.

Dans chaque livre écrit par Castaneda, don Juan Matus revient sur ce thème et le martèle. Les principales caractéristiques de l'humanité en cela sont l'auto-apitoiement et son corollaire, la suffisance. Ce sont des caractéristiques constantes et universelles de l'humanité à notre époque. Il en va ainsi pour tous les humains adultes vivant sur la planète à l'heure actuelle, peu importe l'endroit, la race, la croyance ou le statut. Notre dialogue intérieur, qui stabilise notre vision du monde, déborde de récitations de problèmes, d'attentes insatisfaites, de malentendus, de frustrations et d'interminables doléances. Nous sommes pris au piège dans ce dialogue, et ne concevons même pas qu'un autre type de conscience puisse avoir existé par le passé ou qu'un autre type soit possible à l'avenir.

Si l'on compare l'histoire de la conscience humaine à une rivière, Matus dit que nous avons été piégés dans un petit tourbillon, et déplacés dans un bassin peu profond de la rivière principale, où nous tournoyons sans fin, sans aller nulle part. Il affirmait que c'était une condition temporaire qui nous était imposée de l'extérieur.

Dans les premiers temps de la connaissance silencieuse, par opposition à l'âge de la raison d'aujourd'hui, un domaine différent de la conscience et de la connaissance existait avec un autre type d'humain. La religion de Matus régnait alors, et ses dirigeants étaient des hommes et des femmes que nous appelons maintenant des sorciers. Leur domaine d'activité dans les royaumes de la conscience était beaucoup plus vaste que ne l'est le nôtre de nos jours. C'était indéniablement une période beaucoup plus sombre, également.

Une fois que la position de la raison fut clairement en ligne de mire, l'humanité commença à se déplacer dans cette direction, s'éloignant de cette connexion primordiale avec la nature et du pouvoir de domination arbitraire des vieux sorciers. L'âge de la raison apporta de nouveaux dirigeants avec un nouveau type de pouvoir issue de la technologie.

D'après Matus, ce passage d'une époque de connaissance silencieuse à une époque marquée par le langage, la science et la raison fut également accompagné par un envahisseur en provenance d'une autre zone de l'univers de l'énergie consciente. Alors que nous nous dirigions vers une forme de conscience étroitement délimitée par la raison, laissant de vastes parties de la totalité de notre être inutilisées, un prédateur en profita. Il s'insinua, invisible, pour s'emparer de notre conscience négligée, qui représente la grande majorité de notre conscience totale, et se nourrir d'elle.

Il est frappant de constater que Castaneda attendît les derniers chapitres de son dernier livre pour introduire ce prédateur, appelé le « planeur », bien qu'il eût incorporé plusieurs descriptions claires mais néanmoins indéfinies et inexpliquées dans des ouvrages précédents. Il prétendait que la présence du « planeur » explique pourquoi nous utilisons une si petite partie de la totalité de notre être pour vivre nos vies et si peu du pouvoir à notre disposition, et pourquoi nous percevons une partie si infime de ce qui devrait être notre droit fondamental en tant que créatures dans un univers constitué de nombreux mondes.

Comment se fait-il que nous abritions de vastes royaumes de conscience au sein de nos êtres, bien que nous en soyons privés et dans la dénégation ? Pourquoi nous identifions-nous exclusivement avec notre moi rêvé et nions-nous le rêveur, notre double, qui représente la partie la plus vaste ? Comment pouvons-nous vivre une double vie, mais seulement en retenir une partie, la moins importante ?

Selon Castaneda, nous sommes piégés dans cette condition parce qu'elle nous a été imposée de l'extérieur par cet envahisseur invisible d'un autre royaume. Ce prédateur monstrueux et malveillant en provenance de quelque-part dans l'immensité de l'univers nous a fait prisonnier. Il vit avec nous et se nourrit de notre conscience, nous contrôlant en imposant son propre esprit sur le nôtre. C'est une espèce intelligente et organisée de prédateur semi-visible, un être inorganique de notre monde jumeau qui est parvenu à transformer « l'homme, l'être magique qu'il est destiné à être … [en] un morceau de viande quelconque ».

Nous sommes réduits à l'état de bétail, et en permanence dépouillés de notre conscience. À travers un processus ingénieux, le prédateur s'empare de la meilleure partie de notre conscience et ne nous laisse que la partie qui se manifeste grâce à l'auto-apitoiement et à la suffisance. Ces manifestations impuissantes sont également consommées dans un processus répétitif qui génère le désespoir et la fureur inoffensive. Comme des prisonniers purgeant une peine incroyablement longue sans même savoir quel était leur crime, nous consacrons notre énergie à nous chamailler pour les piètres statuts et privilèges qu'on daigne bien nous accorder dans notre prison.

Ce prédateur a en quelque sorte installé son propre esprit par-dessus notre esprit naturel. Étant un prédateur secret engagé dans une activité néfaste, cet esprit prédateur est conspirateur, rusé, furtif, évasif et insidieux. Et surtout, il craint d'être découvert et exposé. Du fait que ce prédateur a installé son esprit sur le nôtre, nous croyons que ses émotions et ses préoccupations effrayantes et paranoïaques sont nos émotions et nos préoccupations les plus importantes. Lorsque nous prenons des mesures pour éliminer le prédateur de nos vies, nous craignons la colère d'une justice supérieure, car ces préoccupations sont celles du prédateur lui-même. Il meurt de peur d'être attrapé et exposé dans ces actions néfastes, puis privé de nourriture.

Tout comme une exposition répétée est nécessaire lorsque nous voyons le moule de l'homme de sorte à dépasser la première impression où nous sommes impressionnés et submergés par la gloire de notre propre image archétypale, il en va de même avec le « planeur ». Une exposition répétée au prédateur est nécessaire pour dépasser l'horreur extrême, la peur, la culpabilité, le désespoir et l'impuissance que nous ressentons à la première rencontre.

Lorsque le « planeur » est confronté à plusieurs reprises à un esprit silencieux, il s'en va. Le silence intérieur, le contraire du dialogue intérieur, nous rend indigestes au prédateur.

Quand le prédateur s'en va, notre conscience revient. Nous pouvons récupérer le vernis de notre conscience, notre éclat. Selon Matus, c'est « le jour le plus difficile de... la vie, étant donné que l'esprit réel qui nous appartient, la somme totale de notre expérience, est devenu timide, fébrile et farouche après toute une vie de domination. Personnellement, je dirais que la vraie bataille... commence à ce moment-là. Le reste n'est que préparation. »

Ce monstre redoutable qui nous gouverne et nous incarcère fait partie intégrante de l'univers, tout comme nous. Les humains sont des « sondes énergétiques sophistiquées créées par l'univers ». A travers nous, l'univers a l'intention de prendre conscience de lui-même. Les monstres qui nous emprisonnent sont nos challengeurs. Il n'y a pas d'autre façon de les considérer. Si nous les prenons comme tels, nous pouvons continuer.

14

GRAND-PÈRE ET ANTOINE

Devoir croire n'est pas la même chose que simplement croire. Nous pensons que nous vivons dans un monde de raison. Il y a aussi le monde de la volonté et du pouvoir. Selon Matus, le moment le plus dangereux est celui où le monde devant nous n'est ni l'un ni l'autre. Quand cela se produit, la voie à suivre consiste à agir comme si l'on croyait. Pour avancer, nous devons croire sans croire, mais cela ne nous exonère pas d'un examen approfondi de notre situation.

Une des premières histoires de Castaneda, tirée *de Histoires de pouvoir*, illustre ce phénomène : l'histoire de Max le chat. Une amie de Castaneda trouva et éleva deux chatons abandonnés. Plusieurs années plus tard, elle vendit sa maison et fut incapable de prendre les chats avec elle ou de les donner. Sa seule option fut de faire en sorte que les chats soient emmenés dans un refuge pour animaux pour être piqués. Castaneda se porta volontaire pour être son chauffeur.

Il sa gara devant le refuge pour animaux. Son ami

ramassa un chat et le porta dans l'établissement. Pendant que ce chat était transporté, il joua avec la propriétaire, ronronnant et lui donnant des coups de patte gentiment.

Castaneda regarda le deuxième chat, Max. En un instant, il vit que Max savait exactement ce qui se tramait et qu'il n'avait aucune intention de se laisser emporter. Max grogna, feula et se cacha sous le siège. Après avoir fait quelques tentatives pour le rattraper, sans conviction, Castaneda ouvrit la portière de la voiture et cria : « Cours, Max, cours ! »

Max se transforma soudainement en « vrai félin » et se précipita hors de la voiture, courant à ras le sol dans la rue et le long de la gouttière jusqu'à ce qu'il trouve un grand conduit d'écoulement pluvial et plonge dans l'égout.

Castaneda raconta cette histoire encore et encore à ses amis, et développa progressivement un sens agréable d'identification avec Max. Castaneda était sûr que lui aussi, bien qu'il fût sans doute comme un animal de compagnie gâté et choyé, pourrait un jour être rattrapé par « l'esprit de l'homme », et choisirait à ce moment ultime de se lancer dans un ultime voyage définitif.

Il ne suffit pas de croire l'option la plus heureuse, lui dit Matus. Vous ne pouvez pas simplement rejeter la deuxième option, que le chat pourrait effectivement s'être noyé ou avoir été tué en l'espace de quelques minutes qui suivirent sa ruée vers la liberté. C'est une chose d'avoir un unique moment de gloire lorsque l'esprit s'abat sur nous. Y être préparé et le supporter, par contre, est une autre paire de manche.

Il reste toutefois une autre option à considérer. Qu'en est-il de l'autre chat ? Naturellement, nous voulons nous identifier à Max, mais quid de la possibilité que nous soyons à la place de l'autre chat qui s'est laissé gentiment emporter pour être euthanasié, toujours bercé par ses illusions de chat domestique ?

Pour que nous puissions porter un jugement définitif quant à la véracité et à la valeur de l'œuvre de Castaneda, nous aussi sommes contraints de chevaucher deux mondes où ce n'est ni l'un ni l'autre. Tout d'abord, nous pourrions simplement croire l'histoire de Castaneda au pied de la lettre, qu'il rencontra don Juan en Arizona en 1960 et qu'il poursuivit ses pérégrinations exactement telles que décrites. Dans ses livres, Castaneda nous donne au moins deux indications flagrantes pour rejeter cette option. Il valida l'histoire contradictoire de Florinda Grau au sujet de son interaction avec lui, et il inséra l'histoire d'Antoine le plagiaire dans les dernières pages qu'il lui fut donné l'occasion de publier.

La deuxième option consiste à se saisir de ces contradictions, et des échecs d'annotation et de corroboration de Castaneda, ainsi que d'autres préoccupations qui peuvent exister en dehors de ses textes. Et auquel cas nous jugeons l'auteur comme une supercherie sans nom, un escroc et un bonimenteur de la pire des espèces, dont la malhonnêteté flagrante et délibérée mine et disqualifie tous ses écrits. Ses idées, par conséquent, devraient également être jugées indignes.

Si nous voulons conférer une valeur positive au travail de Castaneda, sans lui permettre de nous rouler, nous devons croire à une troisième option. Nous devons croire que l'histoire d'Antoine était l'ultime confession de Castaneda. Cela signifie, bien sûr, que l'auteur lui-même n'a pas vécu la vie décrite dans les livres de Castaneda. Il aurait en quelque sorte plagié le travail de quelqu'un d'autre pour produire cette longue épopée où figurent les personnages de Carlos Castaneda, don Juan Matus, et tous les autres sorciers et apprentis.

Peut-être que l'auteur a découvert un vieux manuscrit inconnu racontant l'histoire d'un autre Castaneda et don Juan, réel ou imaginaire, d'une autre époque. Ou, peut-être qu'il connaissait un conteur qui connaissait l'histoire d'un don Juan historique, ou qui récitait des histoires de la tradition orale d'une tribu.

Dans les deux cas, peut-être que Castaneda s'est d'abord incrusté dans l'histoire en tant que personnage principal, ne prévoyant pas la popularité incroyable qui en découlerait et finirait par le submerger irrémédiablement. Cette succession de succès les uns après les autres le forcèrent à continuer et à étoffer le mensonge, d'abord pour deux ou trois livres de plus, puis pendant des décennies, jusqu'à ce que le poids de la supercherie devienne trop lourd à porter et, pour beaucoup de lecteurs, que le mythe commence à s'effriter.

Mais qu'il s'agisse d'une œuvre authentique ou fictive, ou authentique mais plagiée, quelle en est sa valeur ? L'histoire est-elle bien pensée ? Ce sont les questions qui restent en suspens, et nous devons y croire.

*****

Il n'est pas aisé d'imaginer le genre d'enfance et d'éducation au XXe siècle qui pourrait engendrer un auteur à même d'écrire toute l'épopée de Castaneda et don Juan, et ce peu importe que tout cela relève du mythe ou de la réalité. Il faudrait imaginer un enfant élevé sans entraves, par une famille bienveillante et détachée à la campagne. Il vivrait dans un pays existant pour ainsi dire hors du temps, peuplé de personnages historiques mais quelque peu isolé des bouleversements mondiaux de cette époque. Il aurait atteint sa maturité en tant qu'Occidental métissé au cours de la Seconde Guerre mondiale sans en être affecté.

Castaneda fournit beaucoup d'éléments anecdotiques sur sa jeunesse, et dans son dernier livre, *Le Voyage définitif*, il en ajouta davantage. Il affirmait que sa mère l'avait quitté quand il était très jeune, et que son père instituteur l'envoya quelque part en Amérique du Sud dans la ferme de son grand-père fortuné pour parfaire son éducation. Castaneda qualifiait cette situation d'idéale, en ce sens qu'il fut élevé par un père qu'il décrivait comme « prévenant, tendre, doux et sans défense » et un grand-père plus puissant.

En conséquence, il fut essentiellement livré à lui-même. Très jeune, il flâna dans la ferme de son grand-père. Quand un faucon blanc terrorisa leur poulailler, Castaneda passa des semaines à traquer l'oiseau, mais lorsque la chance de lever son fusil et de l'avoir dans son viseur se présenta, il décida de ne pas tirer sur la magnifique créature.

Il eut l'audace de se lier d'amitié avec l'ennemi juré de son grand-père, Leandro Acosta. Acosta était un vagabond sans-abri, que son grand-père accusait souvent de cambriolage. Il vivait dans les bois et gagnait sa vie par divers moyens, principalement en piégeant des animaux vivants pour les vendre à des collectionneurs. Après plusieurs expéditions de chasse ensemble, Acosta proposa que le garçon de huit ans l'aide dans le plus exaltant des défis : attraper un vautour vivant. Cela impliquait de coudre le garçon dans l'intestin d'un âne mort et d'attendre que le roi vautour daigne descendre pour mange l'âne. Tout se passa comme prévu, et lorsque le vautour ouvrit le corps de l'âne et y enfonça sa tête, Castaneda l'attrapa par le cou et parvint à tenir suffisamment longtemps pour qu'Acosta et ses acolytes puissent capturer l'oiseau.

À neuf ans, il jouait extrêmement bien au billard. Quand un ami criminel, Falelo Quiroga, prit conscience de cela, il soudoya le garçon avec du café et des pâtisseries danoises. Il le fit s'affronter contre des cadors du billard locaux dans des matchs nocturnes aux enjeux élevés. Quand il rencontra Quiroga pour la première fois, Castaneda se présenta comme Carlos Aranha, son nom de prédilection étant enfant. Quiroga envoyait un de ses comparses pour aider le garçon à s'échapper de sa chambre pour chaque tournois, le saisissant au vol quand il sautait de la fenêtre. Ils gagnèrent match après match, Quiroga promettant de déposer de l'argent à la banque pour le garçon. Finalement, il demanda à Castaneda d'engager une partie et de perdre intentionnellement d'un point. S'il refusait, l'inquiétant malfrat le menaçait d'une punition indéfinie. Castaneda s'embrouilla et ne put répondre. Son grand-père en fut alerté d'une certaine façon et le sauva en déplaçant toute la famille dans une autre ville éloignée.

Dans sa nouvelle ville, il descendit la rivière en crue sur un radeau avec son ami Crazy Shepherd. Ils finirent par s'échouer sur une île pendant huit jours alors que la rivière était déchaînée. Les gens de la ville firent flotter des radeaux dans leur direction avec des vivres pour les maintenir en vie.

Un an plus tard, à l'âge de dix ans, son pote de pêche,

Sho Velez, le mit au défi de monter à nouveau sur un radeau, cette fois sur une rivière souterraine et inexplorée qui passait dans une grotte et à travers une montagne. Le père de Velez, un peu déséquilibré, avait l'intention de le faire en radeau, ce qui se serait avéré fatal. Pour sauver le père, les deux garçons volèrent un radeau, pénétrèrent dans la grotte et se laissèrent flotter sur le courant tumultueux au milieu de la montagne. Ils se retrouvèrent dans un bassin profond sans issue visible, et aucun moyen de revenir en arrière. Castaneda plongea et trouva un trou à proximité du fond qui draina le réservoir. Sans autres alternatives, les deux garçons abandonnèrent le radeau et plongèrent dans le trou, pour finir par se retrouver au milieu d'une chute d'eau jusqu'à ce qu'ils émergent de l'autre côté de la montagne.

Crazy Shepherd et Velez étaient les seuls habitants de la ville que Castaneda considérait comme vivants et incontournables ; ils avaient du courage. « Personne d'autre dans cette ville n'en avait. Je les avais tous testés. Pour moi, chacun d'eux était mort, y compris l'amour de ma vie, mon grand-père. »

Des décennies plus tard, Don Juan insista pour que Castaneda décharge sa conscience de tous ses souvenirs importants, soit afin de remercier les protagonistes qui partageaient ses expériences positives, soit pour se débarrasser des résidus négatifs de celles qui étaient malsaines.

Le grand-père de Castaneda le comparait à ses deux cousins sensiblement du même âge. Alfredo était beau et privilégié par sa beauté, et se voyait toujours invité à chaque fête. Luis était quant à lui ordinaire et pas très intelligent, mais honnête. Il était rarement invité et restait à la maison. Selon son grand-père, Carlos était un fils-depute, ni bon ni mauvais, et on préférait généralement l'éviter, ce qui ne l'empêchait pas de s'incruster dans chaque fête.

Pendant un certain temps, à l'âge d'environ 14 ans, Castaneda vécut avec une tante dont la maison était hantée par des fantômes. Finalement, quelqu'un l'envoya en Italie pour étudier la sculpture. Au cours de son séjour là-bas, son ami écossais, Eddy, le présenta à l'inoubliable prostituée en fin de parcours, Madame Ludmilla.

Son souvenir suivant est celui de deux amies de la fac, Patricia Turner et Sandra Flanagan, qui étaient meilleures amies. Il parvint à les faire tomber amoureuses de lui en même temps. Un peu plus tard, il se fiança à Kay Condor, une actrice en herbe ; il l'aimait parce qu'elle était blonde et avait une tête de plus que lui. Ses amis vinrent au mariage, mais Condor envoya un message l'informant qu'elle ne pouvait pas aller jusqu'au bout.

Les professeurs et les employeurs de Castaneda font également partie de sa récapitulation. Mais la dernière, en tête de gondole, est réservée pour sa grand-mère, qu'il présenta soudainement, affirmant désormais qu'elle était la vraie force derrière son charitable grand-père. En fait, absolument rien ne justifie que cette histoire soit racontée, surtout à la toute fin de son dernier livre et à la toute fin de la vie de Castaneda.

Sa grand-mère sauva un indigène local qui était sur le point d'être lynché par ses employés, qui l'accusaient de sorcellerie. Ce sorcier secouru devint son serviteur. Il lui conseilla d'adopter un nouveau-né orphelin et de l'élever comme son propre fils, ce qui entraîna la colère et l'aliénation de sa famille élargie. Elle envoya le fils adoptif, appelé Antoine, en Europe pour étudier. Jeune trentenaire, il retourna lui rendre visite alors que le jeune Castaneda séjournait chez elle.

Castaneda et sa grand-mère décrivait Antoine comme un « dramaturge, directeur de théâtre, écrivain, poète ». Ils réaffirmèrent leur position selon laquelle leur famille n'était que des cadavres déambulant, tandis qu'Antoine était vivant. Son seul désir inassouvi était d'avoir du talent et d'être un « écrivain de note ».

Antoine écrivit, réalisa et joua dans une pièce remarquée dans un théâtre local. Pendant des mois, les performances furent couronnées de succès jusqu'à ce que, soudainement, son travail soit dénoncé dans un journal comme étant du plagiat. La grand-mère était dans le déni et continua à soutenir son fils adoptif, accusant la ville entière de profonde jalousie.

Quelques jours plus tard, la grand-mère appela Antoine pour une rencontre. Elle déclara qu'elle était en train de mourir et qu'il ne lui restait plus de temps, mais elle l'encouragea à continuer et à vivre. Sur les conseils de son sorcier-conseiller, elle avait vendu tout ce qu'elle possédait et en avait transféré tous les bénéfices à Antoine. Elle l'implora de partir immédiatement avant que la famille ne vienne se venger. Antoine fit ses bagages, appela une voiture et un chauffeur, et effectua un dernier arrêt chez la grand-mère avant de partir. Il récita un nouveau poème original, qu'elle accepta immédiatement comme un présent plagié, certes, mais néanmoins valable, et le renvoya en Europe.

Nous devons croire que Castaneda voulait que nous le traitions de la même manière que sa grand-mère traita Antoine.

15

DOUZE LIVRES, TRENTE ANS

Pour avoir une idée de l'étendue et de la portée des œuvres totales de Castaneda, et comment ses idées sous-jacentes sont présentées et illustrées, voici de brefs synopsis et résumés des 12 livres. La philosophie de Castaneda, qui consiste à atteindre la pleine conscience par la mémoire et l'interaction entre la première et la seconde attention, peut être mieux comprise dans le contexte de son histoire se déroulant sur une longue période. Les dates sont incluses pour donner un aperçu du contexte chronologique des livres et des événements historiques.

LIVRE 1 : *L'Herbe du diable et la Petite* Fumée (1968)
SYNOPSIS : Castaneda rencontre don Juan dans une gare routière. Introduction des concepts de *diablero* et *brujo*. L'histoire familiale de Don Juan. Dates de l'apprentissage initial : 1960 à 1965. Trois « plantes de pouvoir ». Objets de pouvoir. Sorcellerie *maïs (?)* et alliés. Trouver le

meilleur endroit pour s'asseoir sur le porche. Manger du peyotl et jouer avec le chien. L'herbe du diable. Quatre ennemis : la peur, la clarté, la puissance et la vieillesse. Cueillette du peyotl. Rencontre de Mescalito. Trouver un chemin du cœur. Datura et lézards. Datura et voler. La petite fumée s'empare de votre corps. Mescalito chantant dans un champ de peyotl luminescent. Varech. L'herbe du diable en tant qu'espion. Deux lézards. Devenir un corbeau. Dernière rencontre. Perdit et retrouva son âme.

RÉSUMÉ : le premier livre, publié au plus fort des bouleversements politiques des années soixante aux États-Unis, marqua l'introduction de Castaneda et de don Juan. Leur première réunion en 1960 y fut décrite. Certains amis et parents de Matus furent présentés. Les instructions de Matus sur la culture et l'utilisation des « plantes de pouvoir » – peyotl, datura et champignons – fut également expliquées. Don Juan décida de prendre Castaneda comme apprenti, mais au bout de cinq ans, Castaneda paniqua, craignant de perdre la raison et quitta le Mexique en 1965.

LIVRE 2 : *Voir : Les Enseignements d'un sorcier yaqui* (1971)
SYNOPSIS : La différence entre voir et regarder. Danses *Sacateca*. Les garçons à l'extérieur du restaurant. Don Vicente, trois personnes autour d'une voiture, et un cadeau gaspillé. Alliés. *Mitote*. *Bacanora* pour Lucio. Rencontre avec Eligio. Réflexion. Assister à la mort du fils de don Juan, Eulalio. Rencontre avec don Genaro. Nestor et Pablito, ses apprentis. Don Genaro sur la cascade. Gardien moucheron de l'autre monde. Les parents de Don Juan. La promesse de Castaneda au garçon au « nez

semblable à un boutton ». Le bienfaiteur de Don Juan ne peut pas voir. Esprit d'un trou d'eau. Brouillard vert et bulles. Voyager dans l'eau. Fumer un allié. La Catalina. Boucliers. Trous dans les sons. Un combat avec le pouvoir. Suivre don Genaro.

RÉSUMÉ : Castaneda retourna au Mexique en 1968 et reprit sa relation avec don Juan. Don Genaro Flores fut présenté comme l'acolyte de Matus et le long apprentissage d'errance dans le désert commença à être décrit. Le paradoxe de la conscience fut introduit, exigeant que nous nous protégions des forces inexplicables de l'univers. Si nous nous contentons de cela, nous perdons notre droit fondamental en tant qu'êtres humains, en tant que *perceveurs* capables de magie. La différence entre regarder et voir fut expliquée et démontrée.

LIVRE 3 : Le *Voyage à Ixtlan : Les leçons de Don Juan* (1972)

SYNOPSIS : Don Juan explique comment stopper le monde. Accords. Faire un brouillard autour de soi. La bonne façon de marcher. Un présage. Parler aux plantes. Le faucon blanc. La mort comme conseillère. Prendre ses responsabilités. Le père de Castaneda. Chasseurs. « Bien sûr que nous sommes égaux. » Être disponible et indisponible. Arrête d'être une proie. Cerf magique. Dernier acte sur terre. Le lapin piégé. Devenir accessible au pouvoir. Rêver. Être enterré. Piéger un puma. Contrôle et abandon. La foudre dans le brouillard. La grotte. Le pont dans le brouillard. Danse du coucher du soleil sur une colline. Entités de la nuit. Ombres. Quatre guerriers font un cercle de feu. La Catalina. Don Genaro fait disparaître la voiture de Castaneda. Arrêter le monde et parler à un coyote. Don Genaro sur la route d'Ixtlan.

RÉSUMÉ : Don Juan n'utilisa plus les « plantes de pouvoir » pour aider Castaneda. La conscience de Castaneda fut désormais ouverte et ses boucliers, déposés ; il dut apprendre à vivre comme un guerrier afin de pouvoir explorer l'inconnu tout en se protégeant de ses assauts. Castaneda apprend à effacer l'histoire personnelle, à renoncer à sa suffisance, que la mort est une conseillère, à devenir un chasseur, à être inaccessible, à perturber les routines de la vie, au sujet de la dernière bataille sur terre, à devenir accessible au pouvoir et l'état d'esprit d'un guerrier. *Rêver* fut présenté comme le moyen le plus sûr d'accroître la conscience.

LIVRE 4 : *Histoires de pouvoir* (1974)

SYNOPSIS : Don Juan explique l'importance du pouvoir personnel. Un papillon de nuit dans les buissons. Faire appel à 48 amis. Don Genaro. Le double. Dans deux endroits à la fois. Le double essaie d'uriner. Histoire du double de Don Genaro. Le double rêve le moi. Genaro appelle l'allié. Les Huit points des fibres lumineuses - deux épicentres : *raison* et *volonté*. Don Juan en costume-cravate. Devoir croire. Max le chat. Un homme mourant à Alameda Park, Mexico. Le tonal et le nagual. Objets sur la table. Regard sur les tonals. Don Juan pousse Castaneda à travers le bureau de la compagnie aérienne. Genaro vole à travers les arbres. Pablito, Nestor et Genaro. Explication de la stratégie des enseignants. La bulle de perception. Réflexion sur les murs. La pratique du saut. Rencontre avec les quatre alliés : le rectangle noir, le coyote géant, l'homme mince et le jaguar noir. Lancer en haut et en bas. L'explication des sorciers. Sauter de la falaise.

RÉSUMÉ : Castaneda apprit à rencontrer son autre moi, son double. Le double fut expliqué, et comment il existe en raison de notre processus de perception en deux étapes. Le double se rencontre dans *rêver*, et on apprend alors que c'est le double qui nous rêve – c'est le mystère du rêveur et du rêvé. Les huit points de notre être furent expliqués, et comment nous n'utilisons normalement que deux des huit points. Le tonal et le nagual furent également présentés comme étant le connu et l'inconnu, ainsi que l'île du connu et son importance. L'explication des sorciers fut donnée, et comment elle conduisit aux événements sur le haut plateau en 1973, lorsque Castaneda sauta de la falaise.

Livre 5 : *le Second Anneau de pouvoir* (1977)

SYNOPSIS : Castaneda conduit sur la nouvelle route de Pablito. Le nouveau sol de Dona Soledad. Le chien dans la voiture. Le contact du double. Les « petites sœurs », Lidia, Josefina, La Gorda et Rosa, arrivent. Le double frappe Rosa. Guérison de Rosa et Soledad. Le double sort à nouveau et La Gorda entre. Dans la grotte. Appel des alliés. La forme humaine. Les « Genaros » - Pablito, Nestor, Benigno et Eligio. Les Toltèques. La chaise de Pablito. Discussion de leurs quatre sauts. L'Art de rêver. Les enfants et la complétude. Les « petites sœurs » se produisent. Le cadeau de Josefina. Castaneda se souvient. La seconde attention. Tonal et nagual. Contemplation. Deux visages.

RÉSUMÉ : Castaneda retourna au Mexique à la recherche d'explications. Au lieu de cela, il se hasarda dans une lutte pour le pouvoir parmi les apprentis. Les « Genaros » et les « petites sœurs » étaient introduits. Castaneda blessa et ensuite guérit trois d'entre elles, mais elles réalisèrent que Castaneda ne pouvait pas les diriger. Castaneda put voir pour la première fois.

Livre 6 : *Le Don de l'aigle* (1981)

SYNOPSIS : Castaneda visite les pyramides de Toula. Les objets de la fixation de la seconde attention des anciens sorciers. Recherche de Matus et Genaro Flores. Rêver et voir avec La Gorda. Le tigre à dents de sabre. Les apprentis querelleurs se rendent en ville. La maison de Silvio Manuel. Traverse du pont. Un mur de brouillard. Séparation des chemins. Castaneda perd la forme humaine à Los Angeles. Remémoration de la femme nagual. Qui dirige Castaneda, Juan Matus ou Silvio Manuel ? Le paysage aride des dunes de soufre. Les limbes. Remémoration des mouvements entre la première et la seconde attention. La règle du nagual. Quatre types d'hommes et quatre types de femmes. Julian emmène don Juan à l'église. Don Juan courtise Olinda. Le groupe de 16 guerriers de Don Juan. Le groupe de huit guerriers de Castaneda. Castaneda et La Gorda enfreignent la règle. Silvio Manuel essaie d'aider. Castaneda perd de l'énergie et reprend ensuite connaissance. Florinda et Celestino. Le serment de Castaneda avec dona Soledad. Le serpent à plumes.

RÉSUMÉ : les apprentis se séparèrent et empreintèrent un chemin différent. Castaneda et La Gorda, collaborant, apprirent comment se souvenir de l'autre moi et comment se déplacer entre la première et la seconde attention. Ils rêvèrent ensemble et découvrirent des souvenirs partagés dans la seconde attention. Apprendre à passer de la première à la seconde attention était la méthode d'enseignement utilisée pour arriver à la totalité de soi-même. Castaneda se souvint et commença à raconter le récit des anciens sorciers du Mexique, les Toltèques. Les nouveaux voyants furent définis, avec leur nouvelle version de la religion toltèque. Les souvenirs de notre luminosité furent également expliqués.

LIVRE 7 : *Le Feu du dedans* (1984)

SYNOPSIS : la conscience accrue et la remémoration sont discutés. Les voyants toltèques. Les lignées des nouveaux voyants commencèrent vers 1600 apr. J.-C. La lignée de Don Juan était composée de 14 naguals et de 126 voyants. Un nouveau commencement noté en 1723 ; les huit naguals suivants étaient différents des six précédents. Les petits tyrans. Don Juan et le contremaître. L'aigle et ses émanations. L'énergie sexuelle. L'Inventaire. Les êtres inorganiques. Le miroir dans l'eau. Le coup du nagual. La forme du cocon. Courir avec La Catalina. La maîtrise de la conscience. Julian et ses changements. Voir les gens et le culbuteur. Sebastian et le défieur de la mort. Les quatre voyants et leur tribunal. Le moule de l'homme.

RÉSUMÉ : les enseignements pour le côté droit et le côté gauche furent alors expliqués, et le groupe de 16 sorciers de Matus fut présenté. On y trouvait également la description de la maîtrise de la conscience, le récapitulatif des enseignements de don Juan ; l'agglomération des champs d'énergie ; la sphère lumineuse ; et le point d'assemblage où la perception est assemblée. L'aigle et l'intention de l'univers furent expliqués, où la perception organise d'autres mondes et d'autres êtres à des positions du point d'assemblage. Le moule de l'homme fut décrit, et son importance. Des moyens de mourir furent abordés, et notamment le brûlage de l'intérieur. Et Castaneda décrivit comment l'aigle nous prête la conscience et dévore notre conscience accrue quand nous mourons.

Livre 8 : *La Force du silence* (1987)

SYNOPSIS : Le professeur de Matus Julian et son professeur Elias. Julian l'acteur tragique. Duper don Juan. Rencontre avec Vicente Medrano et Silvio Manuel. Voir les émanations. Le lieu sans pitié. Don Juan quitte la maison du nagual et a une famille. Don Juan meurt, puis retourne à la maison de Julian. Traqué par un jaguar. Devenir gigantesque. Ici et ici. Julian jette don Juan dans la rivière. Deux ponts à sens unique. Tulio.

RÉSUMÉ : Le silence signifie la cessation du dialogue intérieur ; la connaissance silencieuse contre la connaissance du langage et de la raison. Notre être est constitué de deux parties : la partie silencieuse – vieille, à l'aise et connectée ; et la partie rationnelle moderne - légère, nerveuse et rapide. L'homme ancien était gouverné par la connaissance silencieuse, et cette ère dura beaucoup plus longtemps que notre ère actuelle. Le développement du moi individuel et du langage conduisit à une trop grande auto-préoccupation. Il y a deux points – la connaissance silencieuse et la raison – avec deux ponts à sens unique entre eux. Le point d'assemblage donne lieu à des îles isolées de perceptions.

Livre 9 : *L'Art de rêver* (1993)

SYNOPSIS : Présentation de Carol Tiggs, Florinda Grau et Taisha Abelar. Les vieux sorciers changeaient souvent leur forme d'énergie humaine. Don Juan emmène Castaneda dans une ville hors de ce monde. Interaction avec des êtres inorganiques. Relations de dépendance contrariante. Rencontres secrètes avec les inorganiques. L'émissaire de *rêver* et ses conseils. Eclaireurs et tunnels. Elias et Amalia. Une porte qu'on appelle les rêves. « Personne ne veut partir. » La petite fille triste. Une rencontre mortelle survécut. Récapitulation avant la troisième porte. Attaque dans la rue à Tucson. Le monde est un oignon. La conscience est un élément. Rendez-vous avec le locataire. Mâle et femelle sont des positions du point d'assemblage. La femme dans l'église. Crier dans la seconde attention. Carol perd son zézaiement. Carol est partie.

RÉSUMÉ : *rêver* est le seul moyen de déplacer harmonieusement le point d'assemblage. C'est aussi la facette la plus dangereuse de la sorcellerie. La première porte du rêve consiste à prendre conscience de s'endormir, puis de maintenir la stabilité d'un rêve. L'attention de *rêver* est la partie préliminaire de la seconde attention, comme une rivière qui mène à la mer, qui est la seconde attention complète. Matus explique le corps énergétique. *Rêver* est une rue à double sens, une trappe entre des mondes pleins d'éclaireurs d'autres royaumes. La deuxième porte de *rêver* consiste à changer d'univers dans un rêve ou à suivre un éclaireur. Castaneda rencontre les autres êtres qui partagent la terre avec nous. Les êtres inorganiques et leur rôle historique dans *rêver* sont expliqués. Ils aident les rêveurs et les séduisent. Les anciens sorciers finirent tous dans leur royaume. Castaneda prit l'appât, a fut attrapé puis sauvé. Plus tard, Castaneda rencontra la femme dans l'église, le défieur de la mort.

Livre 10 : *Passes magiques* (1998)

SYNOPSIS : Castaneda s'installe à Los Angeles avec ses trois cohortes féminines, Tiggs, Grau et Abelar. Il y a six centres de vitalité dans le corps humain. L'un a été pris par un envahisseur, un prédateur invisible.

RÉSUMÉ : Castaneda vivait désormais à Los Angeles avec ses trois cohortes féminines en tant que chef d'une nouvelle entreprise de sorcellerie moderne. Il introduit les passes magiques, qui ont été découvertes par les sorciers des temps anciens et faisaient partie intégrante de son apprentissage. Castaneda les rendait maintenant accessibles à tous.

Livre 11 : La Roue du temps (1998)

SYNOPSIS : La signification du temps. Remémoration des mots de don Juan.

RÉSUMÉ : extraits des livres précédents.

Livre 12 : *Le Voyage définitif* (1999)

SYNOPSIS : Castaneda rencontre Madame Ludmilla.

Bill dépose Castaneda au terminal de bus Greyhound. Jorge Campos et Lucas Coronado. Vitaminol, le remède à tout. Le cognement du psychiatre. Pete et Patricia. Rodrigo Cummings va à New York. Le grand Garrick. Don Juan vient à Los Angeles. Professeur Lorca. Patricia et Sandra. UCLA. Le marché de Falelo Quiroga. Attraper un vautour vivant, parties de billard et descente de rivières en radeau. Luigi Palma. Alfredo, Luis et Carlos. Visite des Yaquis. La tante qui marche la nuit. Ernest Lipton et sa Volkswagen. Voir toutes nos vies. Le « planeur ». Les humains sont élevés comme des poulets et gardés dans des poulaillers humains. Leandro Acosta. Sho Velez. Antoine. Le café du navire.

RÉSUMÉ : Castaneda décrit son enfance avec son grand-père, sa ferme et sa ville. Le « planeur » est présenté et décrit, ainsi que la grand-mère de Castaneda et son bien aimé Antoine, le plagiaire.

LES RÉFÉRENCES

Abelar, Taisha. 1992. *The Sorcerers' Crossing: A Woman's Journey*

Donner, Florinda. 1991. *Being-in-Dreaming: An Initiation into the Sorcerers' World*

À PROPOS DE L'AUTEUR

photo par Sulastri

Peter Luce était professeur à Philadelphie, puis a travaillé pendant 30 ans dans le secteur des bijoux entre Bali et New York. Il vit maintenant en Indonésie.

more info
www.gettingcastaneda.com
PeterLuce@gettingcastaneda.com

www.ingramcontent.com/pod-product-compliance
Lightning Source LLC
Chambersburg PA
CBHW021123300426
44113CB00006B/275